« Pas le but, le chemin »

A mon frère, Gilles

LE GUIDE   5

UN AIR DE FAMILLE   11

DANS L'AIR DU TEMPS   97

AVOIR L'AIR OU PAS   115

LE GUIDE

Le guide

Gilles. 2015

Un faux pas hier m'a fait trébucher ici.
Les jours sont devenus longs, à demi-endormi.
Même le soleil en se levant le matin est morose.
Le temps a changé le temps qu'il faut pour toute chose.

Connais-tu les mots qui disent ce que je sens ?
A qui puis-je parler ? Les autres sont devant.
J'ai regardé derrière et j'ai tout vu en clair.
Ma force et mon équilibre, enfin ceux d'hier.

Je me tiens sur un pied, je marche sur du verre,
Tout un côté de moi, n'écoute plus mes mots.
Ma voix jette là-haut, ce que j'ai en prières.
Qui a voulu cela ? J'étouffe mon sanglot.

Le sol se dérobe, ma jambe qui ne peut pas
Réapprendre tout, accepter de nouvelles lois.
Mais je ne me plaindrai pas, je visse mon regard,
Vers le haut, vers demain, je me sens montagnard.

Je ne me sens pas seul, chaque jour à lutter,
Epaulé par ma femme, exemple de volonté.
Par un seul regard de mes enfants, ranimé.
Entouré de parents, d'amis, comme encordés.

Je me tiens sur un pied et l'autre a touché terre,
Juste là devant moi, coule l'eau des sanglots.
Dis-moi quelle est la voie, par-delà ce désert ?
Je ne reste pas là, je crois, c'est ce qu'il faut.

Mon fils, mon fils, regarde-moi. C'est papa.
Tu as peur de tout ici, je sais. Ces blouses,
Cette odeur te sont si familiers, terrible appât.
Le vert des murs est pale, si loin de la pelouse.

C'est papa, mon fils, je connais bien ta peur,
Tu sais comme on est seul, pour digérer ses pleurs.
Le docteur m'avait dit « vous ne marcherez plus ».
C'était l'année dernière, je n'ai pas entendu.

Je me tiens sur deux pieds, posés là comme naguère.
Je me tends comme un arc, pour faire un premier saut.
Le désert a séché sur le sol toute l'eau.
Je ne reste pas là, je suis parti en guerre.

Rien n'est plus comme avant, je sais, tout a changé.
Ton père n'est plus le même, ton père est fatigué.
Dix-huit mois près d'un lit, à tanguer sur la boue,
Mais, je l'ai gravie la montagne, je suis ... debout.

Je ne te dirai pas par où je suis passé.
Dedans j'ai crié, mille fois, j'ai douté,
C'est ton corps qui bascule, ton esprit qui se vide,
Tu connais la trouille qui te tenaille, qui te bride.

Je marche quelquefois, aujourd'hui pas hier.
Le docteur me poursuit, diagnostic de tarots !
Je marche dans l'allée, demain plus loin, j'espère.
Cent mètres parcourus, je sais ce que ça vaut !

C'est papa, mon fils, prends ma main. Elle est forte.
Elle tient serrée la ligne, vers où je veux aller,
J'ai pesé sur mon poing et me suis redressé.
Je remercie mon lit, debout devant la porte.

La ligne dans ma main contient une césure,
Un tiret si brûlant, inscrit dans le passé.
Cette trace était-elle hier, dans cette figure ?
Qu'importe. Le futur peut maintenant s'y ancrer.

Je marche sur les larmes que je versais hier,
Derrière moi, un docteur qui révise ses maux,
Je marche sur ce sommet que je conquiers
J'entends dans la vallée, mon pas qui fait écho.

Comment vas-tu ma femme ? Tu dois être épuisée,
A maintenir un cadre sur ma silhouette courbée.
Qu'il me fut long de m'extirper d'un lit
Pour me retrouver debout près de toi aujourd'hui.

Les enfants, ces moments ne furent pas perturbés que pour moi.
Derrière vos sourires et vos petits minois,
Vous deviez vous poser des questions sur papa.
Où est-il ? Que fait-il ? ... Maintenant, je suis là !

Je marche sur les larmes que je versais hier,
Derrière moi, plus un bruit, on se tait dans mon dos.
J'ai franchi le sommet, pas le temps d'être fier.
Je respire et demain, je vais aller plus haut.

Nous voilà réunis dessus cette montagne,
Personne ne savait ce qui était derrière,
Chacun a parcouru, un chemin depuis hier,
D'autres sommets devant, pour ceux qui m'accompagnent.

J'ai conquis la montagne dont je rêvais hier,
D'autres sont avec moi, entonnant un credo,
A chacun son sommet, sa trace dans la poussière,
Un esprit qui conduit, la marche comme cadeau.

UN AIR DE FAMILLE

Marie

1998. Mis en musique par Eric

C'est l'histoire d'un poisson dans un petit bocal,
Qui mauvais architecte de sa vie d'animal,
Avait copié les plans, pour faire sa maison,
Trop étroits pour sa taille, du logis d'un plancton.

Tout juste un peu plus loin vivait une bélière,
Elle avait le cœur plein, était d'humeur fière,
Ses cornes lui servaient - quand la vie présentait,
Un obstacle – à transpercer toute adversité.

Une âme, ce jour-là, cherchait depuis lurette,
Sur terre façon d'entrer par la porte secrète.
De cornes et d'écailles, Dieu lui fit un nid,
Elle deviendra taureau, car c'est Lui qui choisit.

Petit taureau demain, tu devras découvrir,
Ta nouvelle maison et l'air qu'on y respire,
Le monde des enfants et de ceux plus âgés,
Qui portent dans leur cœur, ce qu'il leur faut chercher.

Les couleurs que tes yeux, verront à ton éveil,
Seront celles de l'eau et celles du soleil,
Ta vie tu l'écriras avec ceux qui t'entourent,
Les choses d'importance, sont celles de l'amour.

L'Architecte

- *Anniversaire papa, 2000*

Il était un enfant, c'était il y a longtemps,
Qui voulait devenir, un jour un architecte
Doué pour le français, en calcul excellent,
Il fut bientôt de ceux que les maîtres détectent.

C'était pendant la guerre, et vous imaginez,
Que des rêves d'enfant, ne pèsent pas bien lourds,
Face aux réalités, qu'on se doit d'assumer,
En tant que père ou mère, pour manger chaque jour.

C'est ainsi que l'enfant, dut vite se résoudre,
A laisser ses copains, sur les bancs en découdre,
A ranger ses crayons, à laisser ses cahiers,
A colorer les murs plutôt qu'à les rêver.

En effet ses parents, avaient choisi pour lui,
La façon la meilleure, d'aller gagner sa vie,
Son père l'emmena chaque jour à vélo,
Faire de la peinture, perché aux escabeaux.

Mais les rêves d'enfant survivent aux contingences
Vous qui l'avez été, savez bien qu'à quinze ans,
Sans savoir son métier, on connaît ses talents
Qu'en écoutant son cœur, c'est la vie qui commence.

Vous allez j'en suis sûr, me demander alors,
Ce que devint ensuite, la vie de ce garçon,
S'il a pu oui ou non, écrire le décor,
Que son cœur dessinait, à l'âge des bonbons…

La force d'un destin est en ce qu'il dépasse,
Celui dont il écrit le chemin chaque jour.
Chaque choix que l'on fait, qu'il vive ou qu'il trépasse,
N'est qu'une goutte d'eau dans l'encre de l'amour.

C'est ainsi que l'enfant, devenu un jeune homme,
Sans le savoir vraiment, commença à construire,
Réponse à l'équation que tout être autonome
Passe une vie à résoudre, à lire ou à nourrir.

Premier de quatre pans, celui de la culture,
Fut pour l'adolescent, première construction.
Il remplaça chacune, des regrettées leçons,
Par cent livres choisis, au gré de bons augures.

A compter les ouvrages qu'il aura dévorés,
L'on pourrait parier, et sans leur faire injure,
Qu'aux profs qu'il n'a eu, et qui lui ont manqués,
Il pourrait en apprendre. Voilà le premier mur.

Il compléta l'ouvrage, en pratiquant le sport,
Commença pédalant, excella au tennis,
Fit de la randonnée, conduisit des hors bords,
Ajoutant chaque année, des pierres à l'édifice.

Et au-delà du temps, de l'imparable usure,
Son corps a retenu, à compter ses sourires,
Que sur une piste noire, petits maux et blessures,
Peuvent se rhabiller, mais fallait-il le dire ?

Son cœur d'artiste lui servit, à mettre en place,
La troisième façade qui le protégerait,
Contre les courants d'air qui entre deux pans passent,
Celle-ci fut colorée, jolie et inspirée.

Quand il avait choisi, les teintes et les matières,
Qui allaient habiller les murs d'une maison,
Les yeux de ses clients, passait du gris au pers,
Egayés de lumière, couleurs de leurs passions

Oui mais me direz-vous, l'ouvrage n'est complet,
Que si l'on prend le temps, de clore solidement,
Le périmètre au sol, de son appartement
Le quatrième pan à ce moment manquait.

Il n'est pas nécessaire, de compter dans cette salle,
Le nombre des amis, qu'il croisa dans sa vie,
Pour savoir aussitôt, que vous êtes ceux-ci,
Qui fermèrent périmètre, du solide produit.

Quatre pans, quatre murs, la belle fondation !
La base est installée, la forme en est jolie.
Enigme du calcul, de la gravitation,
On ne peut plus solide, ou j'en serais surpris.

Si l'on récapitule, pour ceux qui sont perdus,
Nous voici en présence, d'un bâti harmonieux,
Construit par un jeune homme, qui était désireux,
De vivre rêve d'enfant, sans même qu'il le sût.

Une façade construite, sur base de culture,
La seconde sur le sport, sans qu'il n'y ait usure
Travail et puis talent, rendent l'ouvrage solide,
Les amis pour finir, referment la bastide.

Ce qu'il manquait alors, vous l'aurez deviné,
C'est un toit qui protège, qui réchauffe, qui rassure,
Un toit présent partout, capable d'assurer,
Que quel que soit demain, chaque jour a son futur.

Qu'elle soit faite d'amis, de fils ou de filles,
De mari ou de femme, d'aïeuls ou de cousins,
Son breuvage est l'amour, le cœur en est le sein.
Ce qui finit l'ouvrage, s'appelle une famille.

Il était un enfant, c'était il y a longtemps,
Qui voulait devenir, un jour un architecte
Doué pour le français, en calcul excellent,
Il fut bientôt de ceux que les maîtres détectent.

La Morale de ce petit conte
Aujourd'hui ou demain, qu'importe qu'une horloge,
Veuille encore nous dicter, le rythme des années.
Cinquante ou bien cent ans, ne servent que de forge
A la raison, mais l'âme n'a jamais su compter.

Cousins

- *2001*

Pour ne rien vous cacher, c'est à vous que j'adresse,
Ce pan épistolaire d'un moment qui m'émût,
Le verbe m'est rebelle et le vers moins ardu,
Ma plume va vous dire, ce que mon cœur confesse.

Il était un beau jour deux cœurs un peu austères,
Unis comme on peut l'être il y a soixante années.
Une âme avait le cœur, de Bretagne inspiré,
L'autre trouvait sa foi, dans l'arbre et dans la terre.

Ils eurent neuf enfants, à une heure où le monde
Se posait des questions quant à sa destinée,
Où les bombes tombaient et où les cieux grondent
Sans que le moindre orage soit au ciel dessiné.

De l'odeur de la terre à la couleur de l'herbe,
Patriarche discret, taiseux et sans chahut.
Je lis dans chaque pas que j'avance dessus,
Que les traces devant sont celles de mon grand-père.

La famille dessus tout était sa poésie,
Recevoir ses enfants, ses nièces sans artifice,
Mutty nous a donné, à nous ces petits-fils,
Le goût des retrouvailles et des moments bénis.

Zorro ou simple indien, chacun tenait son rôle,
Le sucre, le désherbant mélangés dans un bol,
Faisait tonner nos cœurs et palpiter nos veines
Quand nos frondes ajustées visaient le ciel sans haine.

Cigarette fumée à l'insu des parents.
Jouant à la cachette dans le magasin
Ou faire l'aventurier en taillant les sapins,
Pour faire une cabane et s'éloigner des grands.

Mes cousins c'est à vous que j'envoie ces dix vers.
Vous retrouver hier à presque vingt trois
Fut un ravissement, une seconde familière,
Un serment partagé, sur le terreau comtois.

Quand sera le prochain repas à partager ?
Qui sera le prochain cousin à marier ?
Demain, un autre jour qu'importera l'attente,
Tant ce que nous partageons me contente.

La libellule et le poisson

Anniversaire de mariage des parents. Hossegor, 2003

Leurs mondes différents laissaient bien peu de place
A une éventuelle rencontre, fut-elle fugace.
Nés, l'une de l'air, l'autre de l'eau, ils avaient
Autant de points communs, qu'une bulle et un trait.

Le destin d'un poisson est écrit assez tôt,
Artiste de nature, il aime également,
Les lignes et les angles, que la règle comprend.
Celui-là comme un autre, vivait entre deux eaux (De peinture).

Cette race aquatique a bien peu d'ennemis,
Pourtant, il faut citer parmi quelques mépris,
La façon désinvolte, dont l'espèce se porte,
Face aux choses d'argent, à ce qui s'y rapporte.

Des armes, il en eut tant que son père décida
Pour ne pas le charger qu'il en jette quelques-unes.
A son âge, c'est trop tôt et pour quelle fortune ?
Celle qu'on trace à l'encre avec deux pinceaux plats.

A deux souffles de là, filait la demoiselle,
Qui décida bien tôt, curieuse et obstinée,
Que l'air inspirerait sa moindre destinée.
Elle allait découvrir, le monde de ses ailes

Au-dessus de la Mâche, les destins sont pourtant,
Scellés par autre chose que les vœux des parents,
Elle dut donc affronter - mesurez son courage -
Le joug de son papa, un instant rouge de rage.

Mais au-delà du Rhin ou de l'« English Channel »,
L'appel fut plus fort que l'aura paternel.
Elle abandonna la linotype pimpante,
Pour tracer de ses ailes ce que les vents inventent.

Pour peu qu'on réfléchisse, on peut se demander
Comment ces deux jeunots ont bien pu se parler
Le premier terrassé par les règles de l'art,
L'autre toujours prompte, à fuir le Champ de foire.

Pourtant habitué des effets de surface,
Le poisson ne voit pas comment il eût sa place
Dans l'air, si haut placé qui pousse la libellule.
A sa place j'en connais, qui pour moins capitule.

La libellule pour sa part, hait les mathématiques
Ne la contraignez pas à la moindre échéance,
Elle s'enivre d'airs de musique ou de danse.
Pourrait-elle conjuguer la grammaire aquatique ?

Demain n'est pas écrit, la vie ne tient pas compte,
De ce qui est prévu par les êtres sur terre.
Des algorithmes de nos pensées éphémères
La moindre projection sans rougir elle démonte.

C'est ainsi que le poisson, d'un coup changea sa dimension.
Lassé des encres et de sa bulle aquatique
Il fut séduit par la silhouette féerique,
De celle qui lui ferait perdre toute précaution.

Pour qu'ils se rencontrent, l'eau était nécessaire.
Pour un poisson, aborder les gens d'air
Nécessite quelque effort qu'il n'hésita pas à faire
S'inspirant du saumon, il franchit des frontières.

C'est en pays couétets qu'eut lieu un des contacts.
Autour du plan d'eau, il agit plein de tact.
Enfile un maillot aux couleurs de nuances.
Invite sa belle-mère dans un théâtre en France.

Que de gouttes il perd à cette époque-là.
Il imite l'oiseau, par vent contraire s'essouffle.
Se rapprocher de la belle mérite ces débats
Cette fine aérienne, dont il retint le souffle.

L'histoire ne précise pas ce qu'il advint ensuite,
Après que la belle, par le poisson fut séduite
Mais permettez-moi de vous laisser un message
Que vous leur remettrez, qu'elle vole ou bien qu'il nage.

Dites-leur merci pour nous avoir appris
A apprécier la vie, pour un non, pour un oui.
Dites leur merci pour nous avoir montré
Que le vent et la mer sont à ce point liés.

Papillon

Anniversaire Doudou. Maîche. Mars 2005

Un jour, je marchais, prestement, plein d'intentions.
Animé d'un projet, d'objectifs et d'horizons.
Au détour d'un chemin, j'ai croisé un papillon.
Il m'a regardé et m'a demandé, sans façons.

Si un jour tu devais partir,
Où irais-tu ?
Si un jour tu devais choisir,
Que ferais-tu ?

Si un jour tu devais comprendre,
Que demanderais-tu ?
Si un jour tu devais parler
Que dirais-tu ?

Si un jour tu étais un papillon.
Un papillon qui vit un jour.
Si un jour j'étais un papillon,
Un papillon qui vit un jour…

J'ai arrêté ma course. Soudain, j'ai vu les arbres grandir,
J'ai entendu non loin, des fourmis courir,
J'ai senti mon cœur, pour ma mie frémir,
J'ai interpelé ma famille, pour lui dire.

J'ai croisé un passant qui m'a regardé, intrigué.
Je lui ai demandé ...
Si un jour tu devais partir,
Où irais-tu ? ...

Le tabac et les grenouilles

Anniversaire Doudou. Maîche. Mars 2005

« Ça ressemblait à quoi quand tu étais petit ? »
« Ça ressemblait à quoi ? » me demanda l'enfant.
En ce temps-là, l'approche d'une fête de famille,
Animait mon sourire, avant l'événement.

La famille était là, chacun avait sa place.
Mutty arborait son sourire, Putty son silence.
Les adultes étaient d'un autre monde.
Les enfants se contentaient d'être heureux.

Zorro poursuivait les indiens,
Les oncles se mesuraient à la belotte.
Ce parfum de tabac et du beurre de grenouilles,
Le parfum du salon.

Personne ne m'était plus familier que mes cousins.
Personne ne m'était plus important que les anciens.
Personne n'était plus immortel que mes grands-parents.
Rien n'était plus présent que le temps de ce temps-là.

Tu veux que je te dise petit,
Cela ressemblait à ce moment voluptueux où le corps
Glisse dans le sommeil et où l'on est encore conscient
Cet instant impalpable où tout semble arrêté.

C'était cela une fête de famille,
Un condensé de ces petits instants.
Un berceau de ouate où se reposait le temps.
Ces jours-là, l'horloge ne comptait plus.

Souvent j'y repense
A cette époque, à ce bonheur partagé
Sous le regard bienveillant de Mutty
Sous le silence rassurant de Putty.

Voilà petit à quoi ça ressemblait.
« Tu parviens à te l'imaginer ? »
L'enfant me regardait, silencieux.
Il sourit et me répondit.

« Tu ne me reconnais pas ?
« Allez, cherche, regarde-moi bien…
« Le petit papillon tout à l'heure
C'est moi ! »

« Moi, quand j'étais petit » continua l'enfant
« Mais tu es petit ! » lui dis-je en l'interrompant
Il sourit à nouveau, haussa les épaules,
Me quitta des yeux, … et s'envola.

Epilogue
Marylène, tu connais ma famille maintenant. Il manque mes deux frères. Il manque également des personnes que j'aurais aimé te présenter :

Tante Nannie qui a inventé la bienveillance, Chantal qui aimait tant la vie, Tante Madeleine qui aimait tant la mer, Chacha qui aimait tant, simplement. Et puis, Putty et Mutty, l'inspiration et la respiration de cette famille. Ils ne pouvaient venir : trop de travail au pays des papillons !

Bon anniversaire Doudou. Je ne peux m'empêcher de voir un peu de Putty en toi. Tu lui ressembles tant. Ton sourire. Ta discrétion. Enfin merci.
Voilà. Tout le monde est là. Quelle grande famille ! Pour un peu … on se sentirait tout petit !

Par cœur

Marylène. 2006

L'année dernière, par hasard.
Hier, par amour.
Aujourd'hui, pareils.
Demain, par cœur.

Le soleil des Beauges

Eric. Aillon-le-jeune. 2006

Celui qui commence sa seconde journée,
Alors que vous finissez à peine votre premier café.
Le week-end, c'est quand la semaine est finie.
Pour lui, c'est le mercredi et le samedi.

Si un jour, vous le croisez à un concert,
Ne soyez pas surpris de le voir aux affaires,
En même temps sur la scène et dans le public.
Il est partout, pratique.

En tous cas, c'est à ce rythme forcené,
Qu'il organise de jolies soirées,
Tout en traitant une bronchiolite.
Il soigne aussi bien qu'il invite.

Grâce à ce don d'ubiquité,
Il a réussi à mettre sur pieds l'organisation
De trois sorties en une seule journée.
Entre deux patients, un concert et l'achat d'une maison.

Je n'ai pas la hauteur,
De cet incomparable organisateur,
Eric je te remercie. Une fois, deux fois, dix fois.
Surtout, merci d'être là.

Petit

40 ans, Aillon le jeune, mars 2006

Crie petit, personne n'entendra,
Ils sont partis là-bas, très loin.
Rencontrer un parent, un ami, quelqu'un,
Crie petit, aussi fort que tu pourras.

Pleure petit, maintenant, c'est le moment.
Année après année, pas après pas.
Toi aussi tu seras rattrapé - dans longtemps -
Par l'âge adulte que tu ne reconnaitras pas.

Parle petit, dis-moi cette histoire
Que tu contais tout à l'heure à tes copains.
Parle et dis-moi ce que ton âme veut croire,
Le secret de cette joie de chaque matin.

Chante petit, pour de vrai, ou pour de rire.
Ils avaient tous promis de venir,
Mais au dernier moment, ils se sont ravisés,
Ils avaient une heure plus importante ailleurs à passer.

Dessine petit, en rire ou en humeur,
Comme tu parles de peur avec de l'encre noire,
Comme tu parles du cœur avec mille couleurs.
Dessine petit, avant que d'apprendre à décevoir.

Attends, petit, attends, ne te presse donc pas !
Ignore les aiguilles pour te rendre là-bas.
Laisse passer les grands qui veulent rattraper
Le temps qu'ils ont perdu à s'être dépêchés.

Regarde petit, regarde les couleurs,
Tu ne les reverras pas de sitôt,
Toi qui n'as rien appris, le monde est encore beau
Les champs, le ciel, les hommes, les fleurs.

Ecoute petit, écoute-les.
Fais silence, tes gens sont tous ici.
Tu n'as rien à prouver, mais regarde-les !
Mon Dieu, comme tu as grandi !

Vous vous souvenez vous quand vous étiez petit ?
C'était comment ? C'était grand ?
Et aujourd'hui, c'est comment ?
C'est comme cela que vous l'aviez écrit ?

Moi, je ne sais pas, je ne me souviens plus.
Je me souviens vaguement du début.
Mes premières années furent très confortables.
Je souriais du matin au soir, d'une humeur stable.

Après j'ai pas bien compris quel était mon rôle.
Bien vite, j'ai cherché une épaule
Je me suis caché longtemps derrière un masque drôle.
Vous aussi, vous avez joué un rôle ?

Démasqué, il me fallut un autre chemin
Une certitude à laquelle m'accrocher.
Alors, j'ai imaginé un autre dessein,
Un objectif si parfait, que j'en fus vite prisonnier.

A force de contrôle, le temps s'est dissipé.
A force de maîtrise, la nature s'est éclipsée.
La quête de la perfection mène à l'impasse.
Vous aussi, vous avez rêvé d'être parfait ?

Tout cela c'était hier, c'était il y a longtemps.
Regardons ce qu'il en est maintenant.
A quarante ans – l'âge de raison - il est temps,
De vivre l'essentiel, assurément.

Quarante ans et alors ?
Un seul anniversaire sur terre a-t-il changé
La façon dont le temps nous mène par le nez ?
Faut-il se fier aux masques et aux décors ?

A 40 ans, t'es le roi de quoi ?
Que peux-tu vraiment saisir de tes doigts ?
Y a-t-il sur cette terre un seul centimètre,
Dont tu puisses te prétendre le maître ?

As-tu parmi tous les instants de ta vie,
Réussi à arrêter une seule seconde ?
As-tu imaginé une seule idée féconde,
Autrement qu'en ne pensant à rien ?

Vivre, c'est se battre avec les armes qu'on a déposées.
C'est faire comme si l'instant d'après n'existait pas.
C'est lâcher le temps qui nous tient prisonnier.
C'est, à son meilleur ennemi, ouvrir grands les bras.

Je veux retenir longtemps cet instant,
Dans ma main que je n'ouvrirai plus.
Mais non que dis-je, que la vie continue,
Que la prochaine seconde soit, maintenant.

Le petit s'est rassis, à ne plus rien vouloir.
Il a crié, pleuré, ri, raconté une histoire.
Mais où est le petit ? Dis petit tu m'entends ?
Enfin, le petit … Un peu de temps est passé !

Pour hier c'est fini, nous n'y changerons rien.
Merci pour le présent, et merci à chacun.
D'avoir été là, mais surtout d'être ici.
Merci du fond du cœur. C'est le petit qui le dit.

Deux particules

Marylène. 2006

Deux molécules d'eau
Plus ou moins ressemblantes,
Imprécises en dessein,
L'une et l'autre assez lentes,

Allaient sans décider,
Sur un terrain en pente,
Secouées par le destin,
Bien droites, mais errantes.

Elles ne décident pas,
Qu'importe qu'elles ressentent,
Le fleuve a des principes,
L'eau devient exigeante.

Chacun ici se doit,
Dit-elle qui s'impatiente,
De savoir qui elle est,
Pour devenir aimante.

Les molécules surprises,
Un peu trop dilettantes,
Redécouvrirent alors,
Leurs âmes adolescentes.

Elles se trouvèrent bientôt,
Côte à côte haletantes,
A reprendre leur souffle,
De particules vivantes.

Sous une tuile attendue,
L'une et l'autre s'aimantent.
Elles ne se quittent plus,
Sous la pierre bienfaisante.

Un an ou deux qu'importe,
C'est leur vie qu'elles inventent.
Des méandres du fleuve,
Ensemble elles se contentent.

Equatoriale

Marielle. Août 2007 Hossegor

Des larmes, pas un mot, il y a deux étés.
Pour se dire au revoir, devant l'« Aigue-Marine ».
A chacun son mouchoir, en papier, en feutrine,
Marielle est partie et maman a pleuré.

C'est sans se retourner que Marielle s'en va.
Pour elle le temps d'un choix a besoin de mûrir.
Mais au bout de ce temps, quand vient la décision.
C'est sans même hésiter qu'elle fait le premier pas.

Quand Marielle part, ce n'est pas de dépit.
Partir et s'en aller ne sont pas même chose.
Marielle s'en va, en chansons ou en prose,
Ce qui est derrière, ne lui fait plus envie.

Mais la connaissez-vous la secrète donzelle ?
Qui avec ou sans sous, toujours se fait la belle.
Qui comprend qui elle est, à vouloir s'en aller ?
(Pas aux Etats-Unis, sauf à se renier)

Pour comprendre qui est celle qui nous fait face,
Prenons tout de suite l'avion qui fut le sien.
Le voyage est factice, gardez donc votre place.
Mais imaginez-vous, en peau d'Equatorien.

Vous voilà donc dans les Andes en Equateur.
Côté professionnel, la ligne est bien tracée,
Ce sera paysan, en hiver, en été.
Par jour vous travaillez, entre douze et treize heures.

Mais il en faut bien plus pour nourrir une famille.
Les gains sont si petits que deux personnes doivent
En faire beaucoup plus, l'un et l'autre le savent.
Quand le mari embrasse ses garçons et ses filles.

Personne n'a demandé son avis à ce gars.
Il part chaque dimanche, rejoint la ville là-bas.
Il y travaille dur, abîme son corps las.
Quand il revient samedi, sûr il se saoulera.

Pendant cette semaine, sa femme emmènera.
Chaque jour en pâture, le troupeau des bestiaux.
Une vache, un cochon, une poule et un veau.
Des enfants, sans prix, sinon celui de leurs bras.

Mais un Equatorien doit aussi apporter,
Son soutien au village, à la communauté.
Douze heures de travail, douze heures et du coca.
Ce labeur on l'appelle Minga, en Quitchua.

Voilà, elle a vingt ans, elle en parait cinquante,
Peut-être ne fut elle assez longtemps enfante.
Ne vous y trompez pas, l'Equateur n'est pas triste.
Il est très éloigné de nos vies égoïstes.

Et puis il faut parler de ses beaux paysages
Patchwork vert, marron, tel un coloriage.
Les Andes sont entières tournées vers la couleur.
Et le Chimborazo, merveille de hauteur.

Pour les plus instruits, vous aurez remarqué
Que les Galapagos font partie du pays.
Et c'est là que Darwin, nos origines comprit.
En observant comment un pinson a muté.

Mais où es-tu partie, ma sœur, si loin de tout ?
De ce voyage là-bas, es-tu allée au bout ?
Un avion ou un autre quand on vient à partir,
Si ce n'est en apôtre, ce n'est pas sans désir.

Pourquoi aller si loin chercher en aventures,
Ce que chaque Alchimiste, a sous sa devanture ?
Es-tu partie ou voulais tu fuir, dis-moi,
Cette question, je n'ai su y répondre, dix fois.

Le danger quand on part n'est pas de revenir.
Le danger quand on part est d'y prendre plaisir.
Le bonheur est là-bas, demain ou bien ici.
Le bonheur a sa place mais petit à petit.

Excuse mon humeur, je ne sais pas pourquoi,
Je te parle en hauteur, avec une telle voix.
Je voulais être drôle léger et spirituel,
Et me voilà houleux, rigide et sans dentelle.

Ma sœur, en vrai, toutes ces questions,
Je ne te les pose pas, cela est ton chemin.
Il ne s'agit pas là, d'évaluer ton destin.
Encore moins de tenter une démonstration.

Si jamais un chacun se pose une question.
Lui seul doit y répondre, en toute intention.
Seuls, nous sommes tous seuls, nos chemins ne regardent
Que nous. Même pas ceux qui s'y attardent.

Rester ou s'en aller, qu'importe, c'est ton choix.
Ton esprit, ta mémoire, ton cœur en donnent les lois.
D'aucuns veulent aller très loin et même ailleurs,
D'autres se construisent des châteaux de hauteur.

Il n'y a pas un départ qui nous rende l'enfance.
Pas une construction, que le temps ne dépense.
Nous sommes tous à nous battre pour conquérir le droit,
De lutter pour rien, mais le faire avec foi.

Ta façon à toi de te battre est jolie.
Tu aides de tes mains, les vieux ou les petits.
Belle image vue d'ici, image d'Epinal.
La vraie vie est moins gaie, le petit a la gale.

Marraine d'une gamine, chaque jour tu la suis.
Et ce groupe de mômes à qui tu as appris,
Que l'on peut éviter le matin, à midi,
En se lavant les mains, les pires des maladies.

Je n'en dirai pas plus, tu en serais gênée,
Beaucoup seront diserts sur toi, sur tes années,
Cependant, j'arrête là, points de suspension.
Certains l'auront compris, avec admiration.

Marielle a passé deux ans en Equateur.
Là-bas, ils s'en souviennent, sur le front de la sueur.
Même l'air a changé m'a dit le paysan,
Le vent s'en est allé vers l'autre bout du champ.

Quel sera ton chemin, demain, le jour d'après ?
Finalement on part chaque jour à changer.
Vas-tu partir encore, est-ce encore indécis ?
Peux-tu rester vers nous au moins pour tes bougies ?

Ma douce

Marylène. Vannes 2007

Il est des soirs si forts que l'air en est palpable.
Il est des temps si beaux, que l'égo est affable,
Il est un soir, ce soir, émouvant à pleurer.

Toi belle demoiselle et ton cœur marin
Rayé de bleus, de vagues, d'embruns,
Ton regard, ton âme, d'un coup, m'ont subjugué.

La raison de ce texte, n'a pas de fondement,
Il est souffle désuet, rien de plus qu'un murmure.
Si je me suis permis d'écrire à ce moment,

C'est pour remercier ton cœur et la nature.
Quarante ans mon amour, ma jeunette, ma jolie.
Quarante ans mon amour, lesquels n'as-tu choisis ?

Le destin choisira la couleur de demain.
Aujourd'hui est cadeau, la vie a ses desseins.
Le présent, dès qu'il est pris, est passé.

Que m'importe le temps, si tu es là présente.
Te tenir la main, cela je m'en contente.
Il est désuet sans doute, de dire l'amour en vers.

Inutile le verbe, insipides les pieds.
Sauf peut-être un jour pour dire à son aimée.
Sauf peut-être ce jour pour ton anniversaire.

Se compter les années ne me dit pas grand-chose.
Mais si cela te plaît, j'irai à l'overdose.
Joyeux anniversaire ma douce, ma chérie.

La vie intérieure

Anniversaire de mariage parents. Décembre 2007

Il est long l'hiver attendu.
Il est froid l'air glacé des rues.
Il est noir le sapin tendu.
Ici Maîche, Doubs, bienvenue.

Un centre vide, pas de statue.
En gris et noir, sans avenue.
Pour faire la foire ? Je tombe des nues.
Ici Maîche, Doubs, bienvenue.

Elle est longue la nuit d'hiver.
Il est froid cet air qui bleuit les sapins.
Pour rester, tu y es contraint.
La nature comme seule partenaire...

Sur ces terrains, à terre, quoi faire ?
Pas de touriste. Le château du désert.
Le temps ignore qu'ailleurs on avance.
Ici patelin du Comté, d'en France.

Un centre vide, pas de statue.
En gris et noir, sans avenue.
Ici, la vie se passe à l'intérieur.
N'y revient-on pas toujours d'ailleurs ?

Diaporama

Anniversaire de mariage parents. Décembre 2007

Pour décrire à vos yeux, l'amant et son amante.
Il faut en quelques mots, en moins d'une minute trente
Parler d'eux simplement, sans parole pesante.
Voilà deux amoureux, nés dans les années Trente.

Pas un poème ici, seulement quelques clichés.
Images plus ou moins jeunes piochées dans quelque année.
Quelques volutes de ce que ces deux-là,
Ont inspiré de vie dans leur diaporama.

LUI
Sa période d'étude lui est insuffisante.
Ce coup sera à jamais sa lubie, dévorante.
Combler ce puits sans fonds sans cesse le tourmente.
On n'arrête pas sa culture, même pas en quarante.

Il lit, à tout prix, de Gutenberg à Kant.
Le Point entre les lignes, le Larousse comme rente.
Chasseur, il est surtout alpin. Il en chante.
Il ne se lasse pas de dormir sous la tente.

La guerre est finie, il est bientôt cinquante.
Son paternel doué, lui montre les variantes,
Des couleurs. A vélo et quelle que soit la pente.
C'est en peignant qu'il devient peintre. Qu'il s'en contente.

ELLE
Elle part en Angleterre, une langue vivante.
Puis un an en Allemagne, autre lanque fifante.
Debout derrière la caisse, sans salaire, ni rente.
Et chaque mois revient l'échéance qui la hante.

Croire que se relever est preuve qu'on se plante.
La culpabilité, parfois, peut servir de couvrante.
Très vite s'emballer, après que l'on déchante.
Elle apprend le yoga en devient enseignante.

Observer l'océan, avec l'œil de l'enfante.
En Bretagne, à Paris, mille et une grand-tantes.
Famille généreuse, a sa fille ressemblante.
La table des amis, ô combien accueillante.

Mais pourquoi n'aligner, que des rimes en antes ?
La syllabe répétée souvent est irritante ?
Pourtant il faudra bien, qu'enfin tu t'en contentes.
Il y en a eu vingt et il en reste trente.

Tout va bientôt changer, quand naissent 4 âmes lentes.
La première des âmes, de celles qui inventent,
Montrera des ardeurs, à être provocante.
Exploser sous le bois, la poudre désherbante !

Une seconde âme arrive, sous médecine affolante.
Avaler une noix, sans la briser, ça tente ?
La poule au chocolat, tu l'as mangée !?! J'invente !
Lui aborde la vie, du haut de sa charpente.

La troisième âme est parée de dents étonnantes.
Un centre peu aéré, des poux et tant de lentes.
En vacances en Bretagne. Ah pipi, ma tante.
Pour les 3 c'est pareil, du temps pour qu'ils décantent.

Et pour la quatrième, il faut six ans d'attente.
Chouchoutée, s'il en est, par les âmes précédentes.
Quand vint l'heure de partir, certains croient qu'elle se plante.
Mais elle sait où elle va, tellement indépendante.

Trois semaines en été, des vacances décentes.
En hiver le ski, pas de prix pour une descente.
Du ski après le ski, qu'il neige ou bien qu'il vente.
On va à Grindelwald, lever 4h30 !

Pour tant de kilomètres, des bonbons à la menthe.
Retour de Métabief, en voiture et on chante.
Dériveur arrivé, pour peu qu'il ne dévente.
Puis le CACP, pour les soirées détente.

A Montbéliard, on joue, une pièce époustouflante.
Si peu de kilomètres, exactement quarante.
En partant en retard, on y sera à trente.
Papa est déjà prêt, plus qu'une seule cliente.

Quand Relais fait la foire, tout est à moins cinquante.
Promo chez La Penna, puis Champion qui s'implante.
Mulhouse en Estafette, pour 100 tapis en vente.
Un bel ordinateur. « Elle marche pas l'imprimante ! »

Des animaux heureux, pour ceux qu'on alimente.
Les poissons eux le savent, qui nagent en eau courante.
La tortue s'enfuit bien loin, salade déprimante.
Le canard n'est pas mort, endormi à moins trente.

Parlons d'eux maintenant j'en vois qui s'impatientent.
Qui sont-ils ces deux-là, de façon cohérente.
Plus que des choses qui leur furent environnantes.
Abordons leur présent, en phrases signifiantes.

Pour elle tout est facile, pour peu qu'elle le ressente.
Elle n'aime rien plus que rire surtout quand ça lui chante.
Il aime la perfection, sans erreurs afférentes.
Il s'enivre d'apprendre, passion dévorante.

Quand il se trouve au ski, un âge, il n'a que trente.
Elle sur la montagne, rêve aux vagues déferlantes.
Lui veut vite remonter, descendre une autre pente.
Elle pour remonter, il faudrait qu'elle le sente.

Quand il faut travailler et même à minuit trente,
Il n'interrompt jamais ses tâches décapantes.
Elle aime tant accueillir et se montre constante,
Si c'est pour faire plaisir, ô, cela la contente.

Il peut passer des heures, parfois harassantes,
A finir une tâche, à boucher une fente.
Elle peut arrêter à tout moment, sans tourmente.
Un projet très ancien, elle se sent différente.

Conclusion alors, sur l'amant et l'amante.
Deux âmes se rencontrent, vous voyez, différentes.
Pourtant, elles sont bien là, unies et cohérentes.
Autour d'elles une famille, belle et grandissante.

Quelle belle vie commune, cinq ôté de cinquante.
Souvenir de l'arbre, Putty Mutty, tronc de la plante.
Quarante-cinq est moitié, de ce qui fait nonante.
C'est Chacha qui le dit, de façon élégante.

Plus rien à ajouter, la seconde est poignante.
Peut-être une question, qui n'est pas surprenante.
Quel est votre secret, d'une union si constante ?
Qu'importe en fait, si on reste dans l'attente.

Joyeux anniversaire, mon parent, ma parente.
Vous toujours très beaux, belles allures élégantes.
Pour ce soir c'en est fini, de ces rimes en « ante ».
Vive le temps qui vient, d'une union bienveillante.

Le conteur

Anniversaire de Jean. Mai 2008

Imaginez la scène, elle se passe en Afrique,
L'homme assis sur un banc, autour de lui, stoïques,
Vingt enfants captivés, écoutent son histoire,
Cet homme-là devient conteur, quand arrive le soir.

Ça se passe sous l'arbre, là-bas, près du vieux puits,
Ils se rassemblent tous, une fois la nuit tombée,
Pour écouter encore, les histoires puisées,
Dans son cœur, son parcours ou venant de la pluie.

Cet homme-là est conteur dès qu'arrive le soir,
Il peut vous raconter, en une seule soirée,
Comment il y a mille ans, le village était né,
A cause d'un sorcier, d'un lion et d'un grimoire.

Il joue si bien des ombres, dès que l'heure est venue,
Qu'il peut vous terrifier, en vous mimant comment
Le lion terrassa le croco, il y a bien longtemps,
A l'heure où les humains, vivaient encore nus.

Chaque histoire est unique, n'est écrite nulle part,
Les enfants savent bien à n'en manquer aucune,
Que ces moments profonds, intenses, sous la lune,
Sont uniques. Silencieux, tous, même les bavards.

Qui n'a jamais repensé à ces moments si doux,
Où on se laissait bercer par la voix de sa maman,
Qui racontait si bien les histoires, si doucement.
Si souvent à s'endormir, sans arriver au bout.

Je ne suis pas conteur, mais voilà un morceau,
D'une histoire en Afrique que certains ici connaissent.
C'était il y a quinze ans, au pays des Hippos,
Au Tchad, près du Cameroun, dans la chaleur épaisse.

Un coup d'œil au compteur, la vitesse y est inscrite.
Devant c'est la piste, ocre rouge, sans limite.
A droite, à gauche, sous un ciel plombé,
Quelques nuages de paille, volent au vent surchauffé.

Le moteur est brûlant, la piste chaotique,
L'engin flotte sur le sable, le guidon est léger,
La moindre hésitation, peut vous faire tomber.
Mais conduire là-bas, fait rêver, c'est magique.

Seulement il est minuit et l'heure est dangereuse,
Revenir de Mao à cette heure, est chose bien délicate,
Tant les pièges sont nombreux. Et les trois se débattent.
Elle se termina bien la virée fastidieuse.

Mais savez-vous pourquoi là-bas, près du Lac Tchad,
Il faut une moto pour aller en ballade.
Ah si vous connaissiez quelque qui ne se cache,
Quelqu'un qui soit allé là-bas, et qui sache.

Il vous raconterait ce que moto veut dire,
Que cet engin au Sahel, permet de découvrir,
Toutes les régions à part le Tibesti.
Un casque et un moteur et vous voilà parti.

Il vous dirait cet homme, si vous le rencontriez,
Que le « Ténéré » se situe bien au Niger,
Mais qu'on en trouve ailleurs, tout autour de la terre,
Dès lors que quelqu'un veut goûter à la liberté.

Là nous avons quitté, les plages de Kribi.
Finis les contes, je veux dire les histoires.
Plus de moto, de compteur, de chaleur.
Nous voilà revenus, au présent, ce soir.

Il s'agit maintenant de vous parler de Jean.
Enfin ! Me direz-vous, il en fallut du temps.
Bon, allons-y alors, je vais vous révéler,
Ce que Jean fait chaque jour comme métier.

Jean compte, déduit, calcule, vérifie, fait des sommes.
Pour certains un cauchemar, pour d'autres, une vocation.
Je ne saurais pas dire si pour Jean c'est une passion.
Mais aujourd'hui Jean est comptable chez France Télécom.

Pour compter, il faut dix doigts, une tête et un stylo,
Connaître les chiffres, les nombres et les virgules
Savoir additionner, soustraire, sur un tableau,
Pour un comptable, arriver à zéro, c'est finir le calcul.

Désolé, Jean, maintenant, le secret est éventé.
Mais attends-toi à pire, je vais tout révéler.
Ce que tu caches derrière, pour quoi tu fais cela,
Permets-moi de leur dire à tous ceux qui sont là.

Permets-moi d'expliquer qui tu es finalement.
Que chacun comprenne bien, qui nous fêtons ce soir.
Pour quoi ils sont ici, qui ils sont venus voir.
Que ton secret, ce jour, ne reste dans le noir.

Vous l'aurez bien compris, les scènes s'articulent,
Autour des comptes et de ses homonymes,
Jean est un grand conteur, en poésie intime,
Comptable peut-être, mais sans aucun calcul.

Jean a des yeux d'enfants et une âme de Lion.
Comme signe, Jean ne connaît que l'addition.
Séduction garantie, par son regard charmeur.
Chez Jean, une seule chose compte, c'est le cœur.

Message

Mariage. Juillet 2009

Le standard
Allo, allo, c'est le standard ? Allo ?
Oui, bonjour, je voudrais passer... allo ? Allo ...
Ah, oui bonjour, je voudrais passer un message.
Non, ce n'est pas très long, cela tient sur une page.

Oui, je vous remercie, j'attends. Le standard.
Il est étrange ce nom. Le standard. Un « standard ».
« Qui peut être utilisé comme référence »
Dit le dictionnaire qui sort de mon placard.

Un standard. Compatible. Cohérent. Juste.
Une vérité se cache-t-elle sous le standard ?
D'une révélation est-il l'étendard ?
Ou du clown rigolo, singe-t-il juste l'Auguste ?

Un standard est pareil à une convention
Qui arrange celui qui aura l'impression
De voir ici la clé, de son adéquation
Avec un existant, qu'importe la passion.

Le standard est pour ceux, qui pensent comme unique.
Heureux l'assimilé, le même ou l'identique.
Chacun appartient alors enfin à quelque chose.
Enfin chaque matin, c'est grâce à ça qu'ils osent.

Désolé pour les comptes que tenaient les comptables
Je crains ne pas très bien me fondre dans leurs tables.
Une fête comme celle-là n'a pas lieu à la date
Que le standard impose. Faut-il qu'on en débatte ?

Standard, pareil, assimilable, dans la norme.
Autour de nous, tout devient si conforme.
C'est la même chanson qui passe le matin.
C'est la même chanson avec un seul refrain.

Quelque chose me dit qu'il faudrait se méfier
Retrouvons un chemin pour l'authenticité.
Ecoutez le matin c'est la même chanson.
Il faut changer cela, où sont les papillons ?

Stop. Je sais j'exagère, les standards sont là,
Aussi par évidence, par nature ou parfois
Pour souligner l'essence de notre humanité.
Un trait d'union en sorte, auquel nous sommes liés.

Un trait d'union en sorte. Auquel nous sommes liés.
Aujourd'hui, nous sommes très nombreux, et pourtant
A force d'avancer, poussés par manque de temps.
Il en manque quelques-uns auxquels nous sommes liés.

Pas de liste, des pensées, pour ceux qui nous sont proches.
Et qui ont dû partir, ne plus se retourner.
Ils sont là quelque part, à nos vies intégrés.
Ils habillent nos murs, là où on les accroche.

Oui, bonjour ah, enfin j'obtiens quelqu'un !
Voilà, je vais donner mon message à la fin.
Oui, il s'agit d'un message personnel.
Voilà la vraie raison, pourquoi je vous appelle.

Pour un instant, juste pour un instant
Si maintenant là pour rien, nous arrêtions nos montres.
Juste prendre en photo l'instant de la rencontre.
Et immortaliser cet instant si présent.

Je voudrais arrêter le temps, me mettre en son travers.
Fixer pour des années, ce petit univers
Sur une île, entre amis, en famille
A-t-on besoin de plus ? Le reste n'est que babil.

La volatilité n'est plus, tout maintenant s'arrête
Un décret, une loi, je ne sais le permettent.
Le temps est arrêté, et pour l'éternité,
Il est 20 heures douze, heure à jamais bloquée.

Vous je ne sais pas, moi j'en suis satisfait.
Nous voilà retenus dans un unique instant.
Il n'y a plus demain, hier a peut-être existé.
Il ne reste que ça, il reste maintenant.

Arrêtons le temps, pour ne jamais vieillir,
Arrêtons le temps, personne ne va s'en aller.
Arrêtons le temps, pour pouvoir profiter,
De ce que nous sommes ici, juste à nous réunir.

Parce qu'il est merveilleux de vous avoir ici.
Merveilleux de vous voir tous ici réunis.
Comme une grande famille, venue pour célébrer
La communion de vie que nous avons décidée.

Certains n'ont pu attendre et sont déjà partis.
Nous aurions aimé les faire venir
Et prendre ce temps-là, à eux aussi leur dire.
Ici en Armorique, je pense à Putty et Mutty.

A Chantale, à Pierre, à Tante Nannie, à Tante Madeleine,
A Chacha, à Nicole, à tes grands parents Marylène,
A ton Ange. A Paul. A Minou. A Gérald. A Dany.
A cette réunion, vous êtes tous conviés.

Profitons que le temps nous laisse en parenthèse.
Je vais dire deux mots, avant que l'on me taise.
A celle que j'ai choisie et qui a accepté
Qu'ensemble nous partagions, le reste des années.

Mais il n'est pas si simple de vivre l'harmonie.
Quand je te prends la main, c'est bien par évidence.
Mais quand je me replonge à dix ans de distance.
Pas sûr qu'en une année j'ai si souvent souri.

En fait, je veux te dire, ce que j'ai découvert.
J'étais bien protégé, vêtu comme pour l'hiver,
D'un habit de liberté qui n'engageait que moi.
En tout, de l'homme libre, j'exhibais l'apparat.

Puis tu es arrivée, en percutant ma vie.
Et je me suis trouvé, un peu plus bas qu'assis.
Ce jour-là il fallait, tout reconsidérer.
Reprendre où j'en étais, reprendre qui j'étais.

Ça a duré cinq ans. Soixante mois sans ciel.
Savoir que tu existes, et devoir t'éviter.
Toi pas très loin de là. Mais toi à 5 années.
Comme une statue là-haut, perchée sur une stèle.

Ces années séparées, ces moments difficiles
Se transformèrent depuis en ciment entre nous.
Se trouver isolés, chacun sur sa presqu'île
Permet de clarifier, pour qui on est debout.

Marylène, le maire avait tout préparé.
Pas de place pour un texte ou pour improviser.
Alors voilà bien plus précisément.
Quel est ici ma chérie, mon engagement.

Marylène, je veux te dire, sans doute, et sans défense.
Que pour les cent années, qui devant se présentent,
Mon but chaque matin, sera te voir contente,
Que tu aies l'impression qu'à chaque aube tout commence.

Voilà, je veux te dire, qu'à chaque ombre à ta mine,
Je serai le plus triste. Une larme à ta joue,
Du gris dans ton regard, seront pour moi un signe.
Te décrocher la lune, juste pour que tu en joues.

Ma chérie, mon aimée, mon amie, ma compagne.
Je t'ai tenu la main de Dardilly, à Vannes.
Ici je t'ai dit oui, ma jolie petite âme.
Ici je t'ai dit oui, pour que tu sois ma femme.

C'est oui, pour ne plus rêver qu'éveillé.
C'est oui, pour avoir tes yeux comme horizon.
C'est oui, pour écrire demain avec toi les bras levés.
C'est oui, pour construire ensemble notre jolie famille.

C'est oui. Parce que les photos du ciel.
C'est oui. Parce que « c'est pas sympa pour les autres ».
C'est oui. Parce que deux chevaux de feu.
C'est oui. Parce que le pull bleu marine.

C'est oui. Parce que la mauvaise foi.
C'est oui. Parce que nos 3 enfants.
C'est oui. Parce que l'Equateur.
C'est oui. Parce que la guitare.

C'est oui. Parce que « Vous l'auriez pas en grège ? »
C'est oui. Parce que les Etats Unis.
C'est oui. Parce que c'est Toi.
C'est oui. C'est tout.

Il était 20 heures douze, l'heure a-t-elle changé ?
Qu'importe si des minutes se sont écoulées !
Qu'importe si l'heure a tellement avancé.
Je vous remercie, mon message est passé.

Jo

Anniversaire. 2011

Jo, quand il a quelque chose à dire, il le dit.
Si ça l'intéresse pas, il le dit aussi.
Il dit "j'en ai rien à foutre". Mais c'est pas grossier.
C'est même pas agressif. C'est juste pour expliquer.

Jo était infirmier. Il était respecté
Parce qu'il écoute et qu'il parle pas pour rien dire.
La détresse des autres, il s'en est occupé.
Beaucoup en parlent. Lui s'en est occupé.

Au travail son quotidien, c'était des fous
En fait, j'en suis pas si sur. C'était pas des fous.
Non, plutôt des brisés, des surmenés, des malmenés.
Puis peut-être un ou deux fous, qui sait ?

Ce sont des fous à qui on n'a jamais su parler.
Qu'on finit par gaver de pilules par confort.
Ah mais on n'a pas trouvé le médicament encore.
Qui soigne l'homme de la folie de son humanité.

Jo a son caractère, rugueux comme la pierre.
Un tempérament buriné par le vent.
Durci par les années à travailler la terre.
Mais Jo, il a surtout la poésie dedans.

Pour Jo, cultiver des légumes vint tôt.
Retourner sa terre ou l'asperger d'eau.
Pour lui c'est comme une évidence,
Une seconde nature depuis son enfance.

La nature parlons-en, il en est si proche.
Qu'importe la pluie, qu'importe le vent,
Jo n'aime rien plus que sentir l'air, le temps.
Chérir les tomates, les fleurs. Et le jardin qu'il fauche.

Jo pour cela a la force avec lui.
Solide, charpenté, il s'éclipse sans bruit,
Pour une heure ou pour la journée,
Retrouver la nature, sa nature et son esprit.

De mauvaises langues prétendent que Jo n'entend pas bien.
Mais faut pas s'y tromper, c'est du baratin.
Si vous voulez vraiment savoir, ce qu'il en est.
Posez une question à Jo, puis écoutez.

Jo entend, regarde, observe, écoute,
Y a des choses qu'il va laisser passer.
Mais quand il répondra pour expliquer,
Vous saurez qu'il vous a entendu. Sans doute.

Jo aime la vie, sa famille, la terre et le bon vin.
Et quand il aime, Jo, il protège, il défend.
S'il vous tend un verre ou un morceau de pain.
Ce n'est pas par politesse, cela s'entend.

Quand Jo est bien entouré, il aime rire, jouer.
Partir aux champignons ou aller pêcher,
Passer du temps avec ses frères, s'amuser.
Passer du temps avec les siens, partager.

Pour la galerie, ce n'est pas le bon numéro.
Faire semblant, ou le sens du poil, c'est pas pour lui.
Encore que. Encore que... Un jour, il y a deux ans bientôt.
Il reçut mes parents, pour le repas de midi.

Je craignais un peu je l'avoue. Que Jo arrive en bleu.
En fait, Jo était très bien habillé. Le grand jeu.
Et au premier instant, quand ça commence.
Jo accueillit mes parents en prince de l'élégance.

Jo a construit sa famille à force de valeurs.
Pas de fioriture, du blabla, mais du cœur.
Alors ils sont venus un à un les enfants.
En quelques mots, laissez-moi vous dire comment.

Quand le premier arriva il y a quelques années,
Fort il l'était de la voix et du buste.
En tant qu'ainé, la parole haute forte et l'épaule robuste
Gérard, enfant spirituel du rugby, un pilier.

Le second arriva, c'est en soixante et un.
Désolé pour la date mais j'dois pas être très loin.
Doué pour piloter des bolides ou pour les réparer
Guénhaël a grandi sur quatre roues, ni plus ni moins.

Patrick fut là ensuite, à chercher une voie.
Entre vents et marées, il choisit les armées.
Mais sa passion, c'est construire et rénover.
Il ne fut pas bien long à revoir son toit.

La quatrième s'appelle Marilyne, Marylène !
Huit années de patience avant qu'elle ne vienne.
Elle quitta la Bretagne, prit l'Est comme chemin.
Pourtant de l'Océan, elle n'est jamais très loin.
(Note : Petite erreur de chronologie)
La cinquième suivit, venant d'une autre voie.
Elle fut bercée bien sûr mais par ses deux mamans.
Sortir, du lundi au dimanche Madeleine s'en souvient
Elle en a fait des fugues. Mais toujours la cat' revint

Mais tout a commencé, il y a cinquante-sept ans.
Fonder votre famille commence assurément
Le neuf novembre mille neuf cent cinquante-quatre.
Je n'sais pas vraiment où, j'ai seulement la date.

Elle a trouvé son prince, Jo choisit Madeleine.
Ensemble, ils construisent une famille autour.
Si tout n'est pas facile, faut que sagesse vienne.
Ils partagent des valeurs autour de l'amour.

Que ce soit comme parents ou bien comme grands-parents,
Leur rêve est réalisé quand ils ont auprès d'eux,
Leurs belles-filles, leurs gendres, leurs enfants,
Et leurs petits-enfants, autour du même feu.

Nous voilà arrivés à l'objet de l'histoire.
De jeunesse, il est question aujourd'hui.
Jo tu fêtes tes quatre-vingts ans.
De ces années j'en ai connu très peu.

Pourtant,
Quatre-Vingts ans ne veulent rien dire
Si l'on oublie ensemble de nous asseoir
Et de s'en jeter un petit pour rire
Jo fête ses quatre-vingts ans, Joyeux anniversaire Jo !

Petite sœur

Marielle. 2012

Avant soixante-douze, sans doute quelque part,
Errait une âme fille déterminée et fière,
Qui cherchait à descendre où les hommes font la guerre.
Armée de rien du tout, forte de caractère.

Les dieux choisissent pour elle, une terre immaculée.
Pas de ville, de béton, les voies sont des sentiers,
Où le badaud urbain perd vite ses étoiles,
Elle y puise la sève, qui scellera ses voiles.

Le Jura est hostile à qui veut ignorer
Ce que l'homme ici, apprivoise, l'odeur cendrée,
De la terre qui nourrit, de la terre alcaline.
Il devient une source pour qui cherche racine.

L'âme se met à rechercher un piédestal.
Marielle fait une croix sur son haut Doubs natal.
En partant, elle fait une confession autour d'elle :
« Je vais chercher là-bas ce qui m'est essentiel ».

L'Amérique du sud est son état second.
Hébergée dans les Andes au milieu de nulle part,
Elle y aide un curé, piégé par ses démons,
A construire des crèches pour bambins mis à part.

La gale des enfants n'a pas d'effet sur elle.
Ses mains, ses bras, n'en sont pas moins ouverts
Pour chérir. Avec ou sans casier judiciaire,
Pas de boîte pour classer les aprioris chez Marielle.

Marielle, avec des mots, j'ai donné des contours,
A ce que je ressentais, des forces de l'amour,
Qui animent chez toi, le moindre des desseins
Quand tu portes un regard, tu portes avec ta main.

Des signes de la vierge, j'en noterais plusieurs,
En deux mots les voici, ça prendra pas une heure
Tant le code génétique de ce signe zodiacal,
Est pétri d'essentiel, d'une façon générale.

Une forêt complexe, intacte, intense,
Un toit de canopée, des murs de lisière
Déterminée et sûre de règles centenaires
De là tout est venu. Et de là tout commence.

Sans religion, sinon celle des humains.
Sans foi a priori, si ce n'est pour demain
Pas contemplative d'une vierge quelle qu'elle soit.
Mais active des âmes seules qu'elle a prises comme roi.

Elle lit son horoscope, contemple tous les signes
Vierge : belle journée sous le soleil éclairé
D'une main bien tendue, vers l'autre qui passait
Une journée remplie, de quelques yeux qui clignent.

Le vin sera tiré pour fêter la nature.
Des formes envahissantes, s'étendent sur le mur.
Jour après jour la vigne vierge tisse
L'expression intense de ses propres esquisses.

Vierge de tout soupçon et sans a priori.
Une plante certaine qui veut refaire demain.
Bâti sur d'autres règles, sur un autre refrain
Pour célébrer l'âme humaine et partager le riz.

Pas de concession pour cette femme nature,
Que faites-vous de vos jours, si ce n'est pour les autres ?
Perdez-vous votre temps à vivre au pied d'un mur
Plutôt que d'incarner ce dont vous êtes apôtre ?

Il n'y a pas en toi la trace des années.
Cette force qui meut chacune de tes actions
Ne prend aucune ride et tes intentions,
Sont initiales et empathiques ou … oubliées.

Pour autant que je sache, je n'ai aucune idée,
De ce que sera demain, de qui tu vas croiser,
Mais montre-leur ma sœur, ce que tu sais,
Dans ce monde si tiède, qui juge sans oser.

Dis-nous Marielle, dis-nous de tout ton corps,
Qu'être soi se mérite et qu'un peu de courage,
Permet un autre monde et que révéler l'or
Est l'apanage des audacieux et du partage.

Parle-nous de ta foi, secoue nos certitudes !
Secoue cette ère qui ne croit plus en rien,
Cette ère qui remplit ses armoires. Une attitude
Qu'Alain chante, que Marielle a comme refrain.

Marielle, je vais conclure, cette ode à ton surmoi ;
Tant qu'il y en aura au moins une sur terre comme toi,
La lumière dans les yeux des « sans rien » brillera.
Joyeux anniversaire, ma sœur ! Hip, hip, hip, hourra !

Les Electrons

50 ans de mariage des parents. 2013

Je suis un électron et je ne comprends pas.
Je pensais que le monde tournait autour de moi.
Un génie m'a montré ce matin
A quelle molécule j'appartiens.

Quelle impudence, ces électrons ! Il m'a dit.
Se croire le centre, en étant si petit.
Tu es un électron, sache-le,
Ni plus, ni moins, parbleu !

Il a tourné les talons, fâché.
Il était d'un rouge ... enflammé.
J'ai baissé les épaules.
Etre électron, c'est pas drôle

C'est vrai que je suis petit
A mille lieues du noyau dans cet atome-ci.
Ils ont l'air bien loin,
Tous les miens.

A quoi bon vibrer, si c'est sans fin ?
Je vais renoncer à mon destin
Ca n'a pas de sens.
Allez avance !

Le génie apparut de nouveau
Tu fais quoi si loin de ton hameau ?
Ne sais-tu rien sur ce qui te relie ?
Il avait un air ... surpris.

Ce qui me relie ? Ça veut dire quoi ?
Et d'ailleurs, de qui es-tu le roi ?
Je ne te dois rien.
Je ne suis pas des tiens.

Déconnecté je me rapproche de ma famille,
Des papas, des mamans, des garçons, des filles,
Chacun, électron,
Chacun, sous tension

Il y en a des millions, grands ou petits,
On se sent très fragile perdu dans l'infini.
Accroché a rien,
Différent, chacun.

C'est vrai qu'il n'y en a pas deux semblables,
En voilà deux qui vibrent ensemble, incroyable !
Depuis combien d'années,
Sont-ils ainsi reliés ?

L'un vibre à perdre haleine, fait le caméléon,
Change de tenue, de sens, quelquefois de questions
Que sera demain ?
Est-ce écrit dans ma main ?

L'autre a l'air robuste, regarde toujours devant.
A ne pas voir ses pieds, il trébuche, se relève en se demandant,
Quel est mon âge ?
Je veux faire mon apprentissage

Pendant que le premier dort, l'autre lit.
Quand l'autre dort, le premier, au sol, se relie.
Deux forces complémentaires.
Quand l'un crie, l'autre tempère.

Les deux peignent, dessinent,
Des courbes différentes, chacun choisit sa mine,
L'un peint, possède l'instinct,
Pour l'autre, ce sera demain.

Si le génie repassait par la, il pourrait me dire, en devin,
Si parmi ces milliers d'électrons qui gesticulent, il y a quelqu'un,
Qui ait le secret,
De la vie partagée.

(Le génie revient)

Ah ! Te voilà, alors, c'est quoi le secret ?
Au moins, est-ce toi tu le sais ?
C'est écrit quelque part ?
C'est le hasard ?

La force, petit, c'est d'imposer aux autres son chemin,
Se l'imposer à soi-même, c'est Son destin.
Tu n'es pas des miens, ...
Mais nous ne sommes qu'un.

Un électron est défini selon deux paramètres pour ce que j'en sais.
Son mouvement interne, et les interactions de ceux auquel il est connecté,
La façon dont il vibre,
Et son équilibre.

Quand on s'éloigne un peu de la terre.
On ne voit en les hommes que des particules élémentaires.
Des mouvements empiriques,
Désordonnés, sans logique.

Mais quand on se rapproche des hommes
Il apparaît que leurs mouvements ne sont pas autonomes
Unis par leurs intentions,
Et mus par attraction.

Deux électrons fêtent cinquante années de vie commune.
Le jour de leur mariage, que savaient-ils de leur fortune ?
Rien n'était écrit !
Et ils ont dit "oui".

Regarde ces deux-là, pas de trajectoire linéaire,
Pas de ligne droite, fusse-t-elle éphémère.
Un choix par essence,
Puis deux arabesques comme une danse.

Personne n'a dit que c'était facile,
Des doutes, des questions, des peines, des larmes, quelquefois,
ça vacille,
Mais cinquante ans,
Debout, vers devant.

Au-dessus d'eux, épuisée, une vieille horloge,
Lassée de placer des embûches pour tester leur union, elle se rengorge.
Son temps, elle a perdu.
Leur alliance a pris le dessus.

(Silence)

Le génie me fait face, il sourit un air entendu dans les yeux,
Il serre en ses mains quelque chose de lumineux,
Regarde ce que je tiens,
Et lis l'inscription au fusain !

Ma vue s'habitue progressivement a l'objet lumineux,
Le génie disparait derrière le halo bleu
Je vois enfin la bougie,
Et ce qui y est écrit.

Le génie dissipé, la bougie brûle plus fort
Puis il s'éloigne et la flamme grandit encore.
Le mouvement est subtil,
L'impression indélébile.

Est-ce un tour de passe-passe ou une explication
Le génie changé en feu, farce ou illusion ?
Je lis l'inscription,
Avec attention.

*« Cette flamme brûle depuis cinq décennies d'amour, de détermination,
De l'esprit du feu et du souffle essentiel de l'intention.
Cinquante années,
A deux, un chemin à dessiner »*

*« Cette flamme est l'esprit, l'inspiration, le lien, la foi,
C'est l'essence, la vie, l'amitié, le cœur, tout à la fois.
Etre électron,
C'est le oui et le non ».*

Je suis un électron, et je ne comprends pas.
Je pensais que le monde tournait autour de moi.
Un génie m'a montré ce matin
A quelle molécule j'appartiens.

Maman, papa, pour savoir qui sont les électrons, on ne mesure pas l'âge.
Ce qui nous détermine, c'est le feu, la vibration et l'entourage.
Vous deux, quelques bougies et nous tous ici, parterre.
Bravo et joyeux anniversaire.

Madeleine

Anniversaire Madeleine. Vannes, août 2013.

Ce soir j´entends Madeleine,
Entourée de ses lilas
Elle s'en occupe chaque semaine
Madeleine elle aime bien ça.

Ce soir j´entends Madeleine,
Elle vient de l'année 33
Faire des frites pour ceux qu'elle aime
Madeleine elle aime tant ça.

Madeleine c'est le regard,
Malicieux qu'elle pose sur toi
Elle sait tant ce qui est droit,
Comme dit son mari, Joseph.

Mais ce soir j´entends Madeleine,
Elle va même au cinéma
Une façon de dire "je t´aime"
Madeleine elle est comme ça.

Elle est tellement jolie,
Elle est tellement tout ça,
Elle sait telle'ment la vie,
Madeleine que j´entends là.

Ce soir j´entends Madeleine
Du soleil sur ses lilas,
Il fait beau comme chaque semaine
Madeleine ouvre ses bras.

Ce soir j´entends Madeleine
Quelle année celle de 33 !
Courageuse, elle l'est Madeleine
Le labeur, elle connaît ça.

Madeleine, c'est une chanson,
C'est un cœur fait de soie
Même qu'elle donnerait tout ce qu'elle a,
Pour un sourire, sans questions.

Mais ce soir j´entends Madeleine
Elle le fait sans cinéma.
Sa façon de dire « je t´aime »,
Madeleine elle est comme ça.

Elle est tellement jolie,
Elle est tellement tout ça.
Elle sait tell'ment la vie,
Madeleine que j´entends là.

Un soir j´entendais Madeleine
Expliquer quelques tracas.
Ceux des autres, ce qu'ils deviennent,
Madeleine ne se plaint pas.

Ce soir j´entendais Madeleine,
Elle ne fait pas d'cinéma
Elle sait si bien dire "je t´aime",
Sans un mot, et sans bla bla.

Madeleine, c'est une histoire,
Riche et secrète la fois,
Mais sûr qu'elle sait bien ce qui est droit,
Comme dit son ainé Gérard.

Un soir j´entendais Madeleine
Tiens c'est elle juste là.
Parler d'elle, ça la gêne
Madeleine elle est comme ça.

Elle est tellement jolie,
Elle est tellement tout ça.
Elle sait telle'ment la vie,
Madeleine que j´entends là.

Mais demain j´écouterai Madeleine.
Elle parle quelquefois si bas,
Qu'on peut avoir de la peine,
A comprendre sa douce voix.

Mais demain j'entendrai Madeleine
Parler de l'année 33
De l'époque où pour être reine,
Il fallait surtout des bras.

Madeleine, c'est un regard,
Sur les choses et puis la foi,
Même qu'elle en sait plus que moi,
Comme disent Faustine et Oscar,

Demain j´entendrai Madeleine,
Au milieu de nous tous, là,
Sa façon de dire "je t'aime"
C'est juste en étant bien là.

Passage protégé

Janvier 2016

Ote-moi d'un doute.
Peut-on l'éviter ?
Modifier cette route ?
Ou bien, ai-je rêvé ?

Rien n'est protégé.
Pas plus le passage,
Que la dernière allée,
Choisie par le grand Sage.

Ote-moi d'un doute.
Peut-on l'éviter ?
Modifier cette route ?
Ou bien, ai-je rêvé ?

Devaient-ils se rencontrer ?
L'un s'en est allé,
L'autre s'est enfui.
Une direction, une vie.

Ote-moi d'un doute.
Peut-on l'éviter ?
Modifier cette route ?
Ou bien, ai-je rêvé ?

Qui pourrait l'accepter ?
C'est pourtant arrivé.
Les flocons, le vent,
Ne dansent plus comme avant.

Ote-moi d'un doute.
Peut-on l'éviter ?
Modifier cette route ?
Ou bien, ai-je rêvé ?

Le temps s'est arrêté.
C'est vide, ici-bas.
La neige s'en est allée.
Est-ce qu'elle reviendra ?

Les toits de Notre Dame

Mariage Laure et Pierre Michel. Décembre 2017

Il y a bien longtemps, que je cherche à t'écrire,
Sans savoir où ira le premier trait de plume.
Comme une rai de lumière, s'engouffre dans la brume,
Mes doigts lancent des mots, qui ne sauraient suffire.

L'éclat qui me taraude, ou le sens obligé,
Le message évident, ou la chute légère,
A chaque fois que j'avance un mot ou une idée,
Leur son vient s'étouffer comme au fond d'un trou d'air.

Alors oui j'abandonne, l'espoir d'une expression,
Ils doivent être ailleurs, l'espace la dimension,
Qui permettent à un frère de dire à son frangin,
Comment il le regarde, combien il est des siens.

Alors pas besoin d'effusion, ou de grandiloquence,
Pas de regret, de longueur, juste une chance,
De mettre un pied devant l'autre, et que s'exprime,
La prose du muet, verbeux en quelques rimes.

A cultiver l'admiration de l'autre on en oublie,
La sueur sur son propre dos, cette énergie,
Qui déplace les monts, dans le calme, sans bruit.
Le spectacle se joue à côté, la détermination ici.

Au portrait chinois, il serait un serpent,
Faisant fi des obstacles, ont-ils même existé ?
Calme, déterminé, il compte sur son sang.
Ni la pluie ni le vent, ne le feront varier.

Tu peux être surpris, mon frère de ce portrait,
Bien peu de reptiles, ont arpenté le Jura,
La savane maîchoise, n'est pas le bon endroit,
Pour rester au soleil tester son cuir épais.

Car tu gardes toujours, c'est cela que j'admire,
Oui il s'agit bien là de mon admiration
La tête froide, la simple détermination,
A décrocher des étoiles, sans t'enorgueillir.

Il y a près de deux ans, s'envolait notre père,
Fort de son caractère, il subissait pourtant,
Les traces de jeunes années, le choix d'un père exigeant.
Doit-on pour autant oublier d'être fier ?

Quand nous étions les cinq, il y a quelques jours,
A Maîche tous debout, devant chez le notaire,
C'est ce que j'ai ressenti à regarder autour,
Peut être juste là, souriait notre père.

Je sais on me l'a dit, je fais des hors sujets.
Nous sommes là Laure et Pierre-Michel pour fêter,
Votre union, votre choix de vie, votre promesse,
Pas pour qu'un frère à douze pieds se confesse.

Revenons à notre sujet, revenons-en à vous.

Hier, nous sommes allés visiter Notre Dame,
Pour la première fois, nous avons vu les tours,
Des poutres énormes, forment un diagramme
Qui soutient les toits et la nuit et le jour.

Notre dame de Paris, sa charpente convexe,
A été construite, pour tenir dans le temps,
Contre la foudre, la pluie, les esprits et le vent.
Il y a quelque chose là, de vos trajectoires connexes.

Vous avez cette force, qui ne fait pas de bruit,
Ce lien indiscutable, qu'on reconnaît de loin.
Quand la goutte de pluie, accompagne le grain,
Ce n'est pas sur ce toit, qu'elle sera accueillie.

Merci de nous faire partager ce moment.
Félicitations à tous les deux,
Je vous souhaite beaucoup de bonheur
Vivent les mariés, vive votre belle famille !

Marie

20 ans, avril 2018

Des âges qui sont fêtés 20 ans est Le moment.
Que les poètes, les chanteurs, ont tous loué avant.
Johnny, ferre, Lalanne, Amel Bent. Aznavour,
Dit « hier encore j'avais vingt ans ». Des troubadours.

Bachelet : « En ce temps-là j'avais 20 ans… »
Ferré : « Pour tout bagage on a vingt ans, … »
Souchon : J'ai dix ans, je sais que c'est pas vrai, … »
Berthe Sylva : « On n'a pas tous les jours vingt ans, … »

Dès qu'on ne les a plus, un tic de langage,
Prend la parole pour nous, quand le corps parle de lui.
Tu oublies un prénom, tu transpires a l'ouvrage ?
Elle est là la raison, il est prêt l'alibi.

« Je n'ai plus vingt ans ». Comme si tout se jouait
Précisément ce soir Marie, ou tu franchis ce mur
Entre candeur et âge adulte. Serait-ce une imposture ?
Qu'ont-ils sous le front, ce regard résigné ?

Si tu entends demain cette phrase sibylline,
Ne te laisse pas berner par ce qu'ils peuvent en dire.
On a toujours vingt ans pour peu que l'on respire
Et qu'on sache s'amuser de choses anodines.

La jeunesse est un air qu'on prend dans la tourmente.
Un diamant incassable, qu'on ne peut pas prêter
S'il est toujours en course, le temps pourtant s évente
Quand on aime la vie, hiver comme été.

Alors prends le ce temps, ma fille prends le pour toi.
Trace le Ton chemin, c'est le seul qui mène,
A comprendre pourquoi, des anges ont fait le choix,
Il y a vingt ans déjà, de t ouvrir une voie.

Ce qui nous fait vieillir est la résignation,
L'abandon de nos rêves, le piège des illusions,
Elle est belle cette terre, pour peu qu'on la regarde,
Chaque vie est un miracle, qu'elle soit riche ou clocharde.

Et peut-être la chose, qui me surprend le plus,
Quand les tempes grisonnent, que le temps s'accélère,
C'est de m'apercevoir et c'est inattendu,
Qu'on a vingt ans dedans, aujourd'hui, comme hier.

Mon Dieu que je suis fier, de te voir aujourd'hui,
Décider ton futur en fonction de tes goûts.
Avancer dans la vie, y progresser sans loup
Pour soigner le karma, des âmes accroupies.

Ton grand père serait fier, s'il avait pu rester,
Pour nous accompagner ce soir et faire la fête.
Mais au-dessus de tout, les hommes ont une quête,
Toujours aimer la vie, même dans l'adversité.

Je ne te donnerai pas le conseil suspect,
Qui consiste plus âgé à dire à ses cadets,
Qu'ils doivent profiter, pendant qu'ils ont ton âge
Ce serait sous-entendre, que la suite est mirage.

Ce mot (profite) qui accompagne souvent la complainte,
D'avoir brulé vingt ans sans même les avoir vus,
Je le remplacerais par un moins ambigu.
Vis et sois toi-même, pour une bulle moins restreinte.

Des fois ça fait très mal, parfois ça enthousiasme,
Parfois ça pique un peu et des fois ça inspire,
Le pire a dit Sanson, c'est de ne pas choisir,
On n'se trompe qu'une seule fois à mimer l'ectoplasme.

Ne baisse pas les bras, ne jette jamais l'éponge,
Même du creux de la vague, on peut voir la lumière,
Célèbre tes amies, dis-leur mieux qu'en songes,
Qu'elles peuvent compter sur toi, que tes bras sont ouverts.

Elle est bien singulière cette vie ici-bas,
A vingt ans on peut croire qu'en étant plus ancien,
On en sait beaucoup plus, sur les desseins humains,
Mais on apprend toujours, qu'on soit ici, ou là.

S'il est une personne, qu'il est dur de comprendre,
C'est bien son propre moi, qu'il nous faut adopter.
Prends le temps de te voir, prends le temps de t'aimer.
Sois curieuse de toi, accepte de t'entendre.

Progresse de tes erreurs, regarde tes lumières,
Avec humilité, mais toujours consciemment.
Alors c'est ton papa, qui te regarde, fier,
Dessiner ton chemin, avec tous tes talents.

Mais je n'ai pas l'audace de voir ces quelques vers,
Comme autant de conseils que je voudrais donner.
J'ai vingt ans dix minutes, puis je suis centenaire,
A force de vouloir, plutôt que d'écouter.

On a le sang de ses parents, on ne leur appartient pas
S'il était un cadeau qu'un père voudrait offrir
A son enfant ce serait de le voir sourire
De cette liberté qu'il tient fort dans ses bras.

Joyeux anniversaire Marie
Merci à tous d'être là.
Et merci à Marylene pour l'organisation
Et cette jolie surprise.

Te fais pas de films !

Cousinades, mai 2018

Sur la route d'Autun, l'asphalte est très sinueux,
Pas le but le trajet, disent les philosophes,
Le virage suivant, est bien révérencieux,
Pourtant il ne dit rien, du moins qui m'apostrophe.

A droite, au petit lac, précisait mon contact,
La surface éclatante, de l'étang à l'entrée,
Me fait cligner les yeux, du soleil reflété,
Pas le moindre signe pourtant. Mystère intact !

J'arrive enfin chez lui, c'est un professionnel.
Je dépose à ses pieds, l'objet de mes espoirs.
Si précieux à mes yeux, comme un sacré devoir,
Après 20 ans d'attente, quasi obsessionnels.

Il bafouille trois mots, s'interrompt sans arrêt,
M'assure que le nécessaire sera fait.
Le plafond est très bas, la lumière assez rare,
Pourtant j'ai bien noté, cet étrange regard.

Maître Coué me rassure, me chantonne à l'oreille,
Que oui, ça y est, j'ai enfin réussi.
Les absences du maître, n'empêchent son éveil,
Il n'y a plus qu'à attendre, le contrat est rempli.

Dix jours sont passés et l'artiste m'appelle,
Son courroux est audible, il crie dans l'appareil.
Rien, il ne peut rien faire avec mes sales bobines,
Je l'aurais abusé, il en fait des tartines.

Il me faut retourner chercher le bien précieux,
Cinquante petites boîtes, poussiéreuses et rouillées.
Qui depuis 60 ans, préservent le secret
En noir ou en couleurs, de souvenirs heureux.

C'est à Lyon que j'ai fini par trouver,
Enfin, je vais pouvoir tout vous montrer.
Vous avez deviné, de quoi il est question ?
Pour quel objet secret, j'ai eu cette passion ?

Unis

Mariage Isabelle et François-Noël, juin 2018

Si je devais écrire, un vers ou un poème,
Qui célèbre l'amour, la vie ou bien le temps,
Si je devais choisir, une note ou un thème,
Qui dise le bonheur, qui le dise longtemps…

Mon cousin, ma cousine, cette année nous fêtons,
Les 20 ans de Marie, dans un mois ceux d'Antoine,
Cette date fait miroir, comme à tourner en rond,
Poussés par une horloge, dont on ne se dédouane.

Vouloir avoir vingt ans, plus que dure le souffle,
Qui condamne les bougies, pour de longues années,
Est acte de bravoure, ou bien désespéré.
On a vingt un jour, pour certains en pantoufles.

Si je devais écrire, un vers ou un poème,
Qui célèbre l'amour, la vie ou bien le temps,
Si je devais choisir, une note ou un thème,
Qui dise le bonheur, qui le dise longtemps…

Isabelle, François-Noël, si je croise un génie
Qui sort d'une lampe ou qui vient de nulle part,
Je lui demanderais, un seul vœu me suffit,
De me donner la clé, d'une qualité rare.

C'est la simplicité, de vivre le moment,
D'apprécier chaque instant, de le faire partager,
D'accueillir avec cœur et générosité.
Tout ce que vous montrez, sous vos regards d'enfants.

Si je devais écrire, un vers ou un poème,
Qui célèbre l'amour, la vie ou bien le temps,
Si je devais choisir, une note ou un thème,
Qui dise le bonheur, qui le dise longtemps…

Isabelle, François-Noël, qu'il est doux de vous voir,
Vous regarder toujours avec cette tendresse,
Vous parler du regard, exhaler cette liesse
Que vos fors intérieurs savent aussi recevoir.

La vie est ainsi faite qu'on ne connaît demain,
Pourtant vous l'écrivez matin après matin,
Ce que vous faites à deux, de tout ce qui va suivre,
Vous écrivez d'une main, ce qui fait votre livre.

Si je devais écrire, un vers ou un poème,
Qui célèbre l'amour, la vie ou bien le temps,
Si je devais choisir, une note ou un thème,
Qui dise le bonheur, qui le dise longtemps…

François-Noël, mon cousin, que sont-ils devenus
Ces moments délicieux qui firent les années,
D'une douce jeunesse, que l'on a partagée,
Sur les bords du Dessoubre ou en skate dans la rue ?

Il est là cet esprit, je le vois dans tes yeux,
Une jeunesse infaillible, un sourire radieux.
Qu'avec ton Isabelle vous partagez à deux,
Qu'il vente ou bien qu'il neige, votre ciel est radieux.

Si je devais écrire, un vers ou un poème,
Qui célèbre l'amour, la vie ou bien le temps,
Si je devais choisir, une note ou un thème,
Qui dise le bonheur, qui le dise longtemps…

En prenant un instant, à bien vous regarder,
L'on peut aisément voir, quelle est votre fortune,
Elle n'est pas amassée, comme le seraient des prunes,
Sous un lit ou en cave, quelque part enterrée.

Ce qui fait votre ciel, est une grande étoile,
Qui brille et fait briller. Que verra tout témoin.
Merci de qui vous êtes, merci de vos desseins,
Qu'aujourd'hui vous signez, qui sera votre voile.

Il n'est question ici d'aucune complaisance,
Si j'aime tant écrire, c'est pour faire la place,
A dire démasqué, des choses d'évidences,
Qui pour le coup s'inspire de votre dédicace.

Alors je vais l'écrire ce vers ou ce poème,
Je vais me poser là, en face de vous deux,
Et vous dire simplement, presque silencieux,
Qu'évoquer votre amour, est un fertile thème.

Je voulais dire ici, ce qui m'a inspiré,
Derrière vos regards, brille un éclat de feu,
Une tendresse amie, un attrait voluptueux,
Qui sont à la naissance, des destins partagés.

Je n'ai pas le pouvoir d'arrêter les horloges,
Alors profitons-en de cet instant unique,
Célébrons votre union, votre lien magnétique,
Bravo à tous les deux. C'est pour vous cet éloge.

Antoine

20 ans, juillet 2018

Avoir vingt ans Antoine, c'est comme en parachute,
C'est se jeter devant, sans pouvoir revenir,
Sur la seconde avant, la joyeuse minute,
Toute chose est différente, les meilleures et les pires.!

J'ai eu peur avant toi, j'ai mesuré combien,
La main d'une maman, la force d'une mère
Dans les tourments ados, soudain peut faire du bien
Quand il faut décider ou quand il nous faut faire.

Il m'a fallu du temps, fais qu'il t en faille moins,
Pour poser tes deux pieds, sur un sol bien stable,
J'ai pas voulu comprendre, et j'en ai pris grand soin,
Que la vie a un sens, qu'on en est responsable

Antoine tu as pour toi des valeurs incroyables,
Des talents qu'aucun prof ne pourra t enseigner
Tu penses avec le cœur et tu es insatiable
A regarder les autres, et à tant partager.

Toi qui lis facilement dans le cœur de l'autre,
Quand ta morphologie te dote d'un tel cœur
Prends le temps d'écouter, de voir passer une heure
Sans plus penser a rien, sans vouloir rien d'autre.

On mesure les hommes a ce qu'ils savent apprendre
Que les jours difficiles sont faits pour se relever
Qu'un bonheur suit souvent une difficulté
Qu'on a dû surmonter, sans jamais rien lui rendre.

Ton chemin est sans doute, pour ce que j'en comprends
D'un relief inédit, d'une destinée rare
Pour quelqu'un comme toi, qui en rien n'es avare
Dont le cœur est intact, et les bras sont si grands.

Son meilleur ennemi, est plaqué au miroir,
Il peut quand il le veut nous amener a croire
Que Notre liberté se mesure en victoires
Contre un songe une idée, ou contre des grimoires.

Sur cette terre ici-bas, quelqu'un nous a menti
En nous leurrant un jour sur l'objet de nos vies,
Il n'est pas de victoire contre qui que ce soit,
Le seul à dépasser, c'est uniquement soi.

Antoine s'il te plait, arrête-toi une seconde
Laisse monter en toi jusqu'a ce qui t émeut
Ce moment peut faire peur, il peut piquer les yeux
Mais il est une source, à coup sûr féconde

Il permet de connaître ce qu'on a dans le ventre
Les cordes abimées et celles qui nous transcendent
Elles sont là pour longtemps, rarement elles se rendent
Notre paix intérieure en constitue le centre

Tu as une énergie que peu peuvent égaler
Tu as entre les mains de l'or à ne savoir qu'en faire
L'alchimiste a dû faire, le tour de la terre
Pour voir que son chemin, était dessous ses pieds.

Deviens un judoka, prends l'énergie de l'autre
Apprends à avoir tort, la paix y prend sa source
Savourer le présent, est une précieuse course
Deviens ton propre roi, ne cherche pas d apôtres.

Il est peu de personne sur cette terre ici,
A qui j'ai tant besoin de vouloir transmettre
Et de vouloir aider Tu en seras surpris,
Pour que ce fût possible il faudrait le permettre.

Je ne suis pas ton père, jamais de confusion
Mais je te considère, comme mon propre enfant
Pour être juste là, t entendre sans conditions,
Et te tendre la main, quand toi tu y consens.

T'as pas toujours admis, faut dire que je suis raide,
Que je puisse t imposer des règles de vie commune
Tu as pu y entendre une voix inopportune
Mais elle était toujours, destinée a ton aide.

Alors j'émets un vœu ce soir et pour longtemps,
Te voir grandir heureux et tracer ton chemin,
Et si la vie permet, qu'on renforce nos liens,
Pour ce qui me concerne, ce sera un présent.

Aujourd'hui tes 20 ans sont une grande fête
D aucun ont traversé la France pour venir célébrer

Ce temps qui change tout en un coup de baguette
Oh là, pas de pression, tout est dans la durée.

Il n'est rien plus vaste dans le cœur d'un homme
Que le regard du père, et l'œil de sa maman
Permets-moi tout de même comme beau-père ou parent
De te souhaiter chaque jour le plus beau des royaumes.

Joyeux Anniversaire Antoine

DANS L'AIR DU TEMPS

A la seconde

1999

Dans le cours de sa vie, l'homme souvent se dit,
" Le temps passe " et il court, il veut le rattraper.
Puis son souffle lui manque et il en disparaît.
Le temps dit : " l'homme passe ", moi je suis.

Questionner le savant quand on cherche la vie,
Ecouter sa mémoire, ou peser ses envies,
Enterrent son dessein, le noient de connaissance,
L'amour et puis la vie, sont nourris de silence.

Vivre un instant, une heure, une saison ou cent ans,
A combattre une horloge, à maîtriser le temps,
C'est lutter contre Dieu et mépriser notre âme.
Notre infini est là, le présent nous réclame.

Combien d'instants faut-il pour faire une vie d'homme ?
« Des milliers ! » direz-vous, pour les plus économes.
Pourtant la vie entière, d'un homme bien vivant,
Quel qu'en soit le calcul, se résume au présent.

La loterie

2000

Une vie de labeur, est promise à chacun,
Il n'y a rien à redire, c'est un destin humain.
Rêver de la fortune, soulage nos pensées,
Nous fait lever matin, espérer pour demain.

Quand on trouve un lingot, nos rêves s'illuminent.
On cherchera encore et nos cœurs s'animent.
Espérer nous fait vivre, travailler nous construit,
Avoir ou posséder, n'amènent que l'ennui.

Quand on apprend l'entrée, par un jour sourire,
De la mine, du trésor, c'est peut-être le pire.
Gagner à la loterie, c'est perdre tout d'avance,
Le chercheur d'or heureux, n'est pas celui qu'on pense.

Le survête

2009

En ballade le dimanche, armé de mon jogging,
Mes deux baskets aux pieds, pas prévu de stretching,
Je vais acheter l'Equipe, c'est pour l'adrénaline.
Garé en double file, c'est plus sport, sans footing.

Je l'ai pris noir et blanc, c'est la classe incarnée.
Un look a la Clooney, le ventre même pas rentré.
En vrai buveur de bière, mais je sais assumer,
Ma nana m'aime comme ça, j'la fais vraiment craquer.

Vous avez tous vu, mon sourire satisfait.
Faut dire que ma voiture est un joli symbole,
Une BM à mon âge, belle précocité.
Gros cube sous le capot, elles en sont toutes folles.

C'est pas un cri du cœur, c'était pour m'amuser.
En pur sang Jeambrun, j'ose souvent me moquer.
Mais nous le savons tous, sans aller au ciné,
Chacun sera un jour, l'arroseur arrosé.

La terrasse

Novembre 2015

Vous là-bas, quel est ton nom ?
Etes-vous de l'humanité ?
Faut-il haïr ? Faut-il aimer ?

Tu as choisi la mort dans l'âme.
Que t'a-t-elle donc promis,
Pour que tu la donnes aussi ?

Sommes-nous frères, sommes-nous humains ?
As-tu vu la femme enfanter ?
As-tu vu mourir un aîné ?

Tu es donc de l'humanité !
Qui a dessiné tes espoirs ?
Qui les a habillés de noir ?

Tes mains ont voulu ce dessein.
Est-ce toi qui désignes
Celui qui en a dessiné les lignes ?

Depuis ce jour, tout est comme rien.
Le matin peut être cauchemar.
Les certitudes combattent le hasard.

Tu me hais, autant que je ne te comprends pas.
Je sais de toi ce que tu sais de moi.
C'est à dire rien, sinon quoi ?

Au milieu de la mort, de cette folie,
A l'obscurité je ne puis croire.
Aux pires maux, demeure l'espoir.

Pressé

2012

Nous sommes 6 milliards sur la jolie planète.
Un canard à la main, je ne lis que les titres,
C'est suffisant, cette journée, ce chapitre,
Au rythme haletant de la presse « alphabête ».

Une ère où les valeurs sont cotées en bourse.
Une ère où la conduite dépend du gendarme.
Une ère où la communication désarme.
Une ère où l'entreprise est toujours en course.

Une ère sans vision, où l'audimat fait son destin.
Une ère pour l'autruche, où le mendiant est un voisin.
Une ère d'argent, où le sourire est poli en surface.
Une ère de projets, où le présent s'efface.

Une ère désorientée, qui suit son GPS.
Une ère déshéritée, où les vieux sont « anciens ».
Une ère désengagée, où les poings sont moins serrés que les fesses.
Une ère désincarnée, où l'on rêve des mannequins.

Une ère sans patrie où les drapeaux rougissent.
Une ère sans enfants où les parents subissent.
Une ère sans ambition que celle de gagner.
Une ère sans émotion, sauf si elle est à louer.

Une ère où l'on s'émeut, sans vraiment regarder.
Une ère où l'on parie, sans vraiment rien risquer.
Une ère où l'on déclame, sans vraiment rien savoir.
Une ère où l'on réclame, sans vraiment rien vouloir.

Aujourd'hui, pourtant, flotte un air de musique,
Deux ennemis prennent un air démocratique,
Une goutte d'eau fait pleurer un océan désertique,
D'un seul sourire là, naît ce frisson préhistorique.

Quarantaine

2006

Trente-neuf
Il coupe la lumière du monde, le lutin sombre.
Même les plus éclairés se font peur.
Chacun se méfie de son ombre.
Passe donc ton chemin et cherche la lueur.

Baba
Quarante à voler le temps, sentir une seconde
La couleur du trésor, les dorures fécondes.
Quelle que soit la formule, par cœur, bien apprise,
Cherche la porte dérobée, elle se déguise !

Horizons
Partir à tous les prix, aller rugir ailleurs,
Loin, se rêver différent, d'une autre humeur.
Sonder si d'autres latitudes font chavirer
Un si petit cœur qui jouit de palpiter.

Actions
Un calcul de valeurs, une forme de religion,
Rien n'est vraiment réel, mais tout est dans l'action.
Indice si puissant des esprits d'entreprise.
Et juste un peu plus loin, un quidam sans chemise.

ACADEMIQUE
Certains silencieux, ils prennent tout à la lettre.
Quarante à disserter, c'est beaucoup plus commode.
Sans craindre de mourir et sans vraiment l'admettre,
Ils sont presque immortels, ils partagent un code.

ACQUIS
Quarante, c'était trop. On en retira cinq.
En faire moins, c'est mieux, faut-il te convaincre ?
Certains en sont contents, dans un premier temps.
Alors 35 heures, c'est juste le bon temps ?

A L'ECART
Une action ratée, ou un bon coup de vent,
Un conflit, une maladie ou l'éloignement,
Ecarte-toi du bord, si ton pied n'est pas sûr !
Quelqu'un qui te connaît joue avec tes augures.

FAIRE UN TOUR
Planète ronde et bleue, l'homme en a fait sa terre.
A perdre tous nos guides, nous cherchons depuis peu,
A courir si vite, qu'on se verrait derrière.
En faire le tour très vite, nous ramène en ce lieu.

Mine de rien

La page se tourne. 2016

Je m'appelle Mario, je suis un homme heureux.
Ce matin j'ai signé mon contrat de travail.
Oh oui, je risque de faire bien des envieux.
Ma joie en est si forte que ce n'est qu'un détail.

J'ai quitté mon village, ai rejoint les pâtures,
Qu'Iria investit, pour faire pousser de l'or.
Ma famille est bien triste, pour eux je sais c'est dur.
Mais ça en vaut la peine, je n'ai pas de remords.

La boîte c'est Iria, un géant du caillou.
Des mines gigantesques, des mines, enfin, des trous !
C'est le numéro un si je n'me trompe pas.
Personne ne les connaît, apparemment chez moi.

Mon chef m'a décrit ce matin, ma mission.
Il m'a redit combien, il a besoin de moi.
J'avoue que cela m'a donné un frisson.
Jamais personne ne m'a parlé comme ça.

Je n'ai pas tout pigé à l'organisation.
Mon manager m'a dit on est en transition.
Tant pis je prendrai le temps nécessaire.
Pour comprendre. D'ici là, je dois faire.

Je m'appelle Mario, je suis un homme heureux.
Y a un mois je signais mon contrat de travail.
Oh oui, je risque de faire bien des envieux.
Ma joie en est si forte que ce n'est qu'un détail.

Demain on doit avoir une réunion d'équipe,
Pablo est venu me dire, tu verras c'est sympa,
Dans le service tout le monde participe
A la réunion, mais personne n'est là.

C'est la téléprésence enfin un truc génial
Qui permet de voir les autres dans la même salle.
Alors qu'il y en a un qui sera à Brisbane,
Et un autre connecté depuis une caravane.

Je stresse un peu pourtant, on va se présenter
En anglais, c'est normal c'est un groupe australien.
Autant pour la mission, je me sens vraiment bien,
Par contre pour l'anglais, ch'uis vraiment pas serein.

Je m'appelle Mario, je suis un homme ... heureux.
Y a un an je signais mon contrat de travail.
Il est possible que j'aie fait quelques envieux.
Ma joie est toujours là, malgré quelques détails.

Sur le site de la direction, j'ai lu combien,
Chacun de nous est tellement important.
Quand tu tiens la rampe, il faut mettre des gants !
Les ressources humaines ont leur département !

En allant ce lundi, reprendre le travail,
J'étais plein de questions, sur le but et le sens,
De nos orientations, du sens du gouvernail,
Qui sait où nous allons, qui sait si on avance ?

Cette pensée me vint, au détour d'un projet,
Le centième cette année, encore un changement.
Il est question cette fois, d'un truc très innovant,
Aller dans les nuages et tenter d'y rester.

J'ai eu un incident avec l'informatique
Je me suis adressé au bureau d'à côté
« Pas de ça chez nous », ils avaient l'air critique.
Quand ça va pas pour toi, faut ouvrir un ticket !

Mon chef est revenu il était cramoisi.
Il m'a dit Mario, je vois que t'a pas compris.
Côté business c'est parfait ça fonctionne
Mais t'es pas compliant, alors, là, ça déconne.

Voilà ça fait trois ans que je bosse pour eux.
Tout va à peu près bien, je me sens presqu'heureux.
Je gagne tant d'argent que je ne compte plus,
J'ai un troisième enfant, que je n'ai jamais vu.

Un collègue est passé, m'a juste dit bonjour.
Il avait l'air gêné, il s'appelle Jacques Senture.
J'ai demandé à mon chef de me parler d'augures.
Il m'a dit ça viendra, et tu auras ton tour.

Alors j'y suis allé à cette réunion
En marchant j'ai senti une pierre dans ma chaussure.
Une douleur sous le pied, tiens voilà Jacques Senture.
Toute l'équipe est là, je m'installe dans le fond.

John Badnews arrive lui en retard
Il a l'air détendu, sourit et serre des mains
De ceux du premier rang, il fait copain copain.
La décision pour lui, c'est pas de bol. Le hasard.

On est tous virés, l'équipe tous les cents.
Parait qu'c'est mieux pour nous, ça porte même un nom.
Une opportunité, avec tous nos talents
De retrouver ailleurs, de nouvelles fonctions.

Le directeur nous a écrit par mail, bouleversé.
Il nous a dit combien il était affecté,
D'avoir eu de la pluie, en visitant la mine
Après quinze heures de vol et quelques langoustines.

Je m'appelle Mario, elle prend fin l'illusion.
Il a chu le bâton, ils ont coupé les fils,
Qui soutenaient mes bras, prenaient ma direction,
Et je quitte la scène des pantins dociles.

Je ne tiens pas debout, j'ai perdu l'habitude,
De penser par moi-même, vers où je veux aller.
Mais je sens naître en moi, une nouvelle attitude,
Un souffle d'essentiel, un air de liberté.

M.Net

La fourmi de Bali

Tsunami, 2005

Une fourmi sur une plage, un jour.
Petite fourmi, qui court.
Pas le temps. Pas de recours.
Une terrible vague. Un bruit sourd.

Désenchanté

2012

Une abeille est morte sous la rose
A peine adulte.
Elle était une fois la fin des choses
Des fleurs incultes.

Je nettoie le sol sous vos chaussures
Je suis sans nom.
Mon présent, ce sont vos ordures,
Sans conditions.

L'écran montre tant de choses
Tant qu'il en compte.
Il vide l'esprit par overdose,
Sans honte.

Parler ne vaut que pour l'échange
Au moins écoute !
Appeler un chat un chat ça dérange.
Tu en doutes ?

Dans son caddy un bipède poussif
Empile des steaks.
En peau de vache, il meugle, pris sur le vif,
Un vrai mec.

Dans la vie je veux travailler,
Pas pour des prunes.
Comptez sur moi pour vous aider
D'abord les tunes.

Et là franchement il a raison,
Moi j'y crois.
J'ai pas compris son opinion
J'sais pas pourquoi.

Ma voiture est plus grosse que la tienne,
Tu peux pas m'suivre,
Pas de flic, pas de sirène,
Alors, même ivre.

Une abeille est morte sous la rose
A peine adulte.
Elle était une fois la fin des choses
Des fleurs incultes.

AVOIR L'AIR OU PAS

Neurones miroir

1998

Il vécut comme un livre, à compter chaque jour
Les pailles dans les yeux, de ses contemporains.
De dictons en conseils et du soir au matin,
Il redressait les torts, de son moindre alentour.

" Oubliez vos démons, vivez comme l'enfant,
Acceptez les tourments, vous comprendrez demain,
Ce que Dieu veut de vous, quel est votre chemin,
Tout détour, toute route, à ses yeux se comprend ! "

Véritable vertu à expliquer toujours,
Aux autres, à ses parents et même à l'étranger,
Que bonne façon de vivre, mieux qu'eux il sait,
Il explique comme un livre, il donne les recours.

Cependant, il se pose, comme ouvrage il se doit,
Une question alors, qui le met en émoi,
Un livre sait-il lire, a-t-il une chance au moins,
D'incarner le savoir, qu'en ses pages il détient ?

Une paille et un arbre souvent sont face à face.
Les neurones miroir aiment à jouer au plus fort.
Réfléchir s'entend souvent en dédicace,
Destinée à soi-même selon la métaphore.

La taupinière

1997

Il regarde un miroir, sans vraiment réfléchir.
La tête entre les mains, plus rien ne respire.

Les vents lui ont tourné le dos, à force d'errances,
Son sourire est tombé ce matin sur l'évidence.

Depuis une taupinière, il scrute le vide.
Une autruche n'eût pas été un pire guide.

La clé

- *Premiers vers. 1998*

Pour une fois encore, depuis ces derniers jours,
Par une plume libre je laisse s'envoler
Les nuances de mon âme, les couchant sur papier,
Me livrant sans bataille, progressant sans détours.

Ignorant tout du verbe, durant autant d'années,
Ce besoin me saisit, un dimanche sans semaine.
Ma main se met alors, telle une magicienne,
A dessiner les mots, dont je ne sais parler.

Il n'y a plus de caches, les murs sont écroulés.
J'ai l'esprit en ballade, sans rien pour le guider.
La musique et le rythme de l'alexandrin,
M'ont livré les couleurs dont j'étais orphelin.

© 2018, François Dralliatab

Edition : Books on Demand,
12/14 rond-Point des Champs-Elysées, 75008 Paris
Impression : BoD - Books on Demand, Norderstedt, Allemagne
ISBN : 9782322148639
Dépôt légal : août 2018